GENTE QUE CONVENCE

EDUARDO FERRAZ

GENTE QUE CONVENCE

COMO POTENCIALIZAR SEUS TALENTOS, IDEIAS, SERVIÇOS E PRODUTOS

Planeta ESTRATÉGIA

Copyright © Eduardo Ferraz, 2017
Copyright © Editora Planeta do Brasil, 2017
Todos os direitos reservados.
www.eduardoferraz.com.br

Preparação: Geisa Mathias de Oliveira
Revisão: Huendel Viana e Juliana de Araujo Rodrigues
Diagramação: Maurélio Barbosa | designioseditoriais.com.br
Capa: Desdobra-Design do Brasil

CIP-BRASIL. CATALOGAÇÃO NA PUBLICAÇÃO
SINDICATO NACIONAL DOS EDITORES DE LIVROS, RJ

F431g

Ferraz, Eduardo
    Gente que convence / Eduardo Ferraz. - 1. ed. - São Paulo : Planeta, 2017.

    ISBN: 978-85-422-0830-6

    1. Profissões - Desenvolvimento. 2. Orientação profissional. 3. Influência – Persuasão. I. Título.

17-39007
    CDD 658.4092
    CDU: 65:316.46

MISTO
Papel produzido a partir de fontes responsáveis
FSC® C019498

Ao escolher este livro, você está apoiando o manejo responsável das florestas do mundo

2023
Todos os direitos desta edição reservados à
EDITORA PLANETA DO BRASIL LTDA.
Rua Bela Cintra, 986 – 4º andar
01415-002 – Consolação – São Paulo-SP
www.planetadelivros.com.br
faleconosco@editoraplaneta.com.br

Sumário

PREFÁCIO..7

INTRODUÇÃO 9

PARTE 1
O AUTOCONHECIMENTO

1 QUAL É SEU POTENCIAL DE CONVENCIMENTO?..........25

2 PERFIL DE CONVENCIMENTO: A MANEIRA COMO VOCÊ DEVERIA CONVENCER AS PESSOAS 39

3 QUAL O "VALOR" DE SEUS PRODUTOS/SERVIÇOS?........77

4 COMO É SEU DESEMPENHO PROFISSIONAL?..............91

5 QUAL É O SEU LUGAR? CONVENÇA-SE ANTES DE TENTAR CONVENCER ALGUÉM 103

6 PERSEVERANÇA *VERSUS* PERDA DE TEMPO: QUAIS OS LIMITES?..111

PARTE 2

TÉCNICAS PARA CONVENCER MAIS E MELHOR

7 CARACTERÍSTICAS *VERSUS* BENEFÍCIOS: UM DESCREVE, O OUTRO VENDE 129

8 MOTIVAÇÕES DE "COMPRA": DESCUBRA O QUE AS PESSOAS DESEJAM/PRECISAM 137

9 QUEBRE A BARREIRA INVISÍVEL 151

10 ENTENDA O MAPA MENTAL DO OUTRO E ADAPTE-SE A ELE ... 161

11 DEMONSTRE INTERESSE GENUÍNO 171

12 GERE INTERESSE/CURIOSIDADE A SEU RESPEITO 181

13 CONVENCIMENTO FINAL: FERRAMENTAS QUE FAZEM A DIFERENÇA 193

14 DAQUI EM DIANTE... 219

REFERÊNCIAS BIBLIOGRÁFICAS 227
AGRADECIMENTOS 233
O AUTOR 235

Prefácio

Esta obra é resultado da vivência prática do autor, aliada a anos de pesquisa em neurociência comportamental e psicologia aplicada. Com uma escrita didática e estimulante, Eduardo acerta no alvo com o tema, pois muitas pessoas sentem dificuldade em alcançar aquilo que acreditam merecer. Mas como convencer alguém sobre algo se você não está suficientemente convencido de suas próprias aptidões?

Muita gente troca excessivamente de emprego, de carreira e até de relacionamento, pois não sabe, com exatidão, como usufruir das características mais marcantes de sua personalidade. E esse é um passo importante e decisivo na vida de qualquer um.

Os conceitos centrais do livro motivam o leitor a aproveitar seus pontos fortes e administrar suas limitações, com uma abordagem franca e direta. A cada capítulo você será estimulado a identificar seus principais comportamentos, desenvolver habilidades para melhorar seu poder de persuasão e, com isso, evoluir em seus papéis sociais e profissionais. Estratégias inovadoras, e muitas vezes bem-humoradas, são apresentadas e esmiuçadas a cada página.

As análises de perfis psicológicos para desenvolver melhores técnicas de convencimento, aliadas aos estudos comportamentais aqui tratados como "estrutura e acabamento", são preciosidades que devem fazer parte da biblioteca de qualquer pessoa, inclusive daquelas que não estão no mundo corporativo. Mesmo com o viés para a área de negócios, é inevitável que o leitor se identifique, em sua vida pessoal, com muitos dos casos e personagens descritos.

Muito impressiona a qualidade dos testes, que inovam ao analisar a competência profissional aliada às habilidades comportamentais como fator essencial para o sucesso na vida e na carreira. A sequência coerente, os textos consistentemente bem elaborados e entremeados com casos de vivência prática dão o tom de ousadia e diferenciação deste livro.

Sinto-me profundamente honrado por prefaciar o texto de um profissional tão bem-sucedido, cuja trajetória acompanho há muitos anos. Posso atestar que Eduardo é uma pessoa absolutamente coerente, pois aplica em sua vida e seu trabalho aquilo que prega e escreve. Baseado em quase 38 anos de experiência profissional, tanto como professor na vocação de ensinar, quanto como médico psiquiatra na missão de ajudar pessoas no "treinamento da vida", concluo que este rico conteúdo será extremamente útil para muita gente.

Este livro pode mudar a vida de alguém? Acredito que, se devidamente aplicado em seu dia a dia, efetivamente possa, pois, sem sombra de dúvidas, é um material que convence.

César Rogério Rame Mylla
Médico psiquiatra e professor de Psiquiatria e Comportamento Humano no curso de Medicina na PUC-PR.

Introdução

Uma máquina pode fazer o trabalho de 50 pessoas comuns.
Nenhuma máquina pode fazer o trabalho
de uma pessoa extraordinária.
Elbert Hubbard

Em 10 de abril de 2007, entre 7h17 e 8h, ocorreu uma situação desconcertante. Um homem, aparentando cerca de 40 anos, usando boné, jeans e camiseta, parou ao lado de uma das entradas da estação de metrô L'Enfant Plaza, em Washington – uma das mais movimentadas do mundo –, posicionou-se com seu violino e tocou com grande empenho durante 43 minutos. Entretanto, por mais que se esforçasse, foi praticamente ignorado pelos transeuntes. Não recebeu aplausos, agradecimentos ou atenção.

INTRODUÇÃO

Das centenas de pessoas que passaram pelo local, apenas sete pararam para ouvi-lo por mais de três minutos. Alguns lhe deram dinheiro – 32 dólares no total.

Ninguém se deu conta de que o autor da performance era Joshua Bell, um dos mais consagrados violinistas do planeta. Ele tocou em um violino Stradivarius, fabricado em 1713, avaliado em mais de 3 milhões de dólares. Alguns dias antes, Bell havia tocado no Symphony Hall de Boston, com ingressos chegando a mil dólares.

A experiência (disponível em https://goo.gl/tuaM7) foi organizada pelo crítico Gene Wingarten, do jornal *The Washington Post*, com o objetivo de lançar um debate sobre a importância do contexto na percepção das pessoas.

Bell é muito conhecido nos Estados Unidos e, quando o jornal propôs a experiência, ficou com receio de ser assediado pela multidão e responsabilizado por um tumulto. Wingarten garantiu que não haveria riscos e lhe pediu apenas para usar roupas simples, pois achava que por causa do ambiente desfavorável e da falta de foco das pessoas, ele não seria reconhecido. De qualquer maneira, haveria seguranças disfarçados para protegê-lo. Bell, relutante, aceitou, mas pediu para que o experimento fosse imediatamente suspenso ao menor sinal de confusão – que não chegou nem perto de acontecer, pois quase ninguém deu bola.

Logo após terminar a apresentação, Joshua Bell confessou ter ficado perplexo por ser praticamente ignorado, mesmo fazendo uma apresentação de classe internacional. Ele estava acostumado a deslumbrar as pessoas com suas performances desde os 7 anos e afirmou jamais ter presenciado uma recepção tão fria. "Foi uma sensação estranha perceber que as pessoas estavam me ignorando. A partir de certo ponto, minhas expectativas baixaram muito e comecei a sentir enorme alegria com o mínimo sinal de que alguém estava gostando de minha música, mesmo não tendo a menor ideia de quem eu era".

A reportagem do *The Washington Post* ganhou o Pulitzer (o maior prêmio internacional de jornalismo) e sua principal conclusão foi a de que **só damos valor às coisas quando estão no contexto adequado.**

Joshua Bell era, nessa ocasião, uma obra de arte sem nenhum valor aparente. Não parecia famoso, usava roupas simples, em um local sem *glamour* e sem cartaz de identificação. Mesmo sendo um gênio e dando o melhor de si, não conseguiu atrair a atenção de quase ninguém.

Muitas vezes, não basta ter talento para ser bem-sucedido. Se a mensagem não for suficientemente impactante, as pessoas não prestarão atenção em você!

Já lhe aconteceu algo parecido? Você já teve a desagradável sensação de ser subestimado? Já perdeu ótimos negócios, mesmo tendo condições melhores que as de seus concorrentes? Já ocorreram situações em que você não conseguiu mostrar seu real potencial por não saber como argumentar? Já perdeu oportunidades por não conseguir ser notado?

Muita gente passa por isso e sente-se impotente e frustrada.

A questão é que essas situações não são tão raras, pois frequentemente você precisa convencer alguém de algo: sua competência profissional; seu valor em um relacionamento afetivo ou a qualidade de seus produtos e serviços.

INTRODUÇÃO

Analise se alguma destas situações acontece ou já aconteceu com você:

- "As pessoas parecem não me dar atenção e muitas vezes me sinto invisível."
- "Sou muito bom tecnicamente, mas não sei demonstrar."
- "Quase nunca sei a hora certa de falar sobre assuntos de meu interesse."
- "Não consigo convencer meu cônjuge a mudar hábitos que estão destruindo o relacionamento."
- "Faço um trabalho de primeira, mas estou estacionado na mesma função há anos."
- "Tenho mais habilidades que a maioria de meus concorrentes, mas meus clientes parecem não perceber."
- "Fico entre os finalistas de vários processos seletivos, mas nunca sou escolhido."
- "Demonstro insegurança mesmo em assuntos que domino."
- "Minha sinceridade parece afastar as pessoas."
- "Tolero situações desagradáveis por receio de desagradar aos outros, e depois me arrependo."

Não saber lidar com essas e outras questões similares pode trazer como consequência: baixa remuneração, estagnação na carreira, comunicação ruim, relacionamentos insatisfatórios, dificuldades para atingir metas e baixa autoestima.

O problema é que a maioria das pessoas acredita que dominar a arte do convencimento é próprio apenas de quem é naturalmente carismático ou sociável, e esse é um equívoco, pois há outros caminhos que independem do carisma ou do bom relacionamento.

INTRODUÇÃO

Pense um pouco: quando você tem uma decisão importante a tomar – a compra de algo caro, a orientação sobre um investimento de risco, o conserto de um bem valioso, uma sugestão profissional delicada, o tratamento de uma doença séria ou um aconselhamento familiar –, quem você procura? Provavelmente, alguém que o convença da própria competência, independente da personalidade que possua! Não adianta ter talento se as pessoas não souberem que ele existe.

Por isso, será fundamental melhorar suas técnicas de persuasão para convencer os interlocutores de que seu jeito de ser e suas habilidades farão toda diferença.

Para ajudá-lo a ser gente que convence, proponho, com base em quase trinta anos de experiência em treinamentos e consultoria nas áreas de vendas, negociação e gestão de pessoas, um método eficaz para potencializar suas habilidades de convencimento e, assim, obter melhores resultados pessoais e profissionais. Em todos esses anos, aprendi que o mais importante na arte de convencer é usar estratégias que sejam coerentes com seu estilo de vida. **O grande objetivo é convencer sendo autêntico.**

Para facilitar a leitura e tornar o conteúdo mais prático, preparei o livro em duas partes.

Na primeira delas, veremos que, para convencer alguém, você precisa primeiro estar convicto daquilo que pretende defender. Isso tem muito a ver com sua personalidade, seus pontos fortes e até seus pontos fracos, ou seja, você precisa entregar o que promete e isso requer profundo autoconhecimento. Para tanto, estruturei essa parte do livro em seis capítulos.

No Capítulo 1, veremos que há pessoas que falam muito e conseguem pouco, os que falam pouco e conseguem muito e aqueles que se adaptam a cada situação. Analisaremos seu potencial atual por meio de um teste.

INTRODUÇÃO

No Capítulo 2, estudaremos cinco perfis bastante comuns que, com algumas adaptações, podem ser usados para convencer com mais facilidade. Com um segundo teste, analisaremos seu perfil predominante e como melhor utilizá-lo.

No Capítulo 3, analisaremos qual é o "valor" de seus produtos ou serviços, se você está obtendo resultados compatíveis com sua entrega, e como avaliar pontos de melhoria. Nesse capítulo, há um terceiro teste para conhecer esses pontos e definir quais estratégias seguir em seu caso.

No Capítulo 4, analisaremos se seu trabalho está à altura de seu currículo e como estão seus resultados. Nele, haverá um quarto teste para avaliar sua performance e identificar o que pode ser aprimorado.

No Capítulo 5, com base nos resultados dos quatro testes anteriores, estudaremos em quais circunstâncias você terá mais chances de obter bons resultados.

Por fim, no Capítulo 6, veremos as diferenças entre persistência e teimosia. Nele, você terá parâmetros para definir até onde vale a pena investir tempo, energia e dinheiro na carreira, no emprego, nos produtos/serviços e no relacionamento afetivo.

Na segunda parte, indicaremos estratégias que o ajudarão a aumentar seu poder de persuasão. Certamente, você terá mais facilidade para aplicar algumas e menos para aplicar outras, e até nessas poderá evoluir. O importante é saber que existem ferramentas ajustáveis a diferentes situações. Essa parte está dividida em oito capítulos.

No Capítulo 7, mostraremos as diferenças entre as características (pouco convincentes) e os benefícios (muito convincentes) que seu produto ou serviço pode proporcionar a quem o utiliza.

No Capítulo 8, analisaremos cinco motivadores (inconscientes, mas poderosos) que induzem às tomadas de decisão. Estudaremos como identificar e utilizar esses fatores para melhorar sua argumentação.

No Capítulo 9, veremos que para convencer você precisará quebrar uma barreira invisível que o impede de interagir, de fato, com muitas pessoas. Analisaremos por que essa barreira atrapalha tanto e como transformar a dificuldade em oportunidade.

No Capítulo 10, você verá que é fundamental identificar como cada pessoa funciona mentalmente e como melhor interagir com os mais diferentes modelos mentais.

No Capítulo 11, veremos os motivos pelos quais demonstrar sincero interesse em ajudar é uma das estratégias mais eficazes para conquistar a simpatia de qualquer um.

No Capítulo 12, mostraremos como deixar seu interlocutor curioso a seu respeito e como potencializar ao máximo essa oportunidade.

No Capítulo 13, você receberá uma "caixa de ferramentas" com dez estratégias para utilizar nas mais variadas situações.

E, finalmente, no Capítulo 14, analisaremos que atitudes e compromissos pessoais farão a diferença para que você utilize as propostas deste livro.

Pontos importantes

1. Os casos e seus personagens são baseados em situações reais pelas quais passei ou observei durante as últimas três décadas. Tive, entretanto, o cuidado de mudar os

nomes e alterar a ordem ou o contexto de alguns roteiros, para que as pessoas não possam ser identificadas.
2. Sugiro que uma primeira leitura do livro seja feita na sequência dos capítulos. Com o conteúdo conhecido, ficará muito mais fácil consultar cada assunto de acordo com as necessidades do momento.
3. Desenvolvi os primeiros modelos dos testes que você verá quando comecei minha carreira de consultor, no início da década de 1990. Com o passar dos anos, eles foram aprimorados mediante centenas de feedbacks até chegar à versão final disponível. Todos poderão ser realizados em www.gentequeconvence.com.

Parte 1
O autoconhecimento

> *O que você tem qualquer um pode ter.*
> *O que você é ninguém pode ser.*
> Roger Stankewski

Uma das principais características da pessoa com ótimo poder de convencimento é o autoconhecimento. Quem se conhece bem avalia rapidamente as oportunidades e consegue se posicionar com eficiência em diferentes situações. Eficiência significa priorizar o que tem grande chance de êxito e descartar, rapidamente, casos em que não tenha aptidão para fazer bem-feito.

Entre as características das pessoas com bom autoconhecimento estão:

1. **Conhecer seus pontos fortes** – Pontos fortes são aptidões naturais ou atividades em que a pessoa tem ótimo desempenho, mesmo com pouco esforço. Quem se autoconhece faz o possível para usar a maior parte de seu tempo no aprimoramento dos talentos. Por exemplo, a pessoa detalhista procurará atividades que tenham regras

claras e em que possa ser reconhecida e valorizada por ser meticulosa.

2. **Conhecer seus pontos limitantes** – Pontos limitantes são pontos fracos que prejudicam seu desempenho atual. Quem se autoconhece sabe que precisa melhorar sua performance em algumas áreas nas quais não tem afinidade. Por exemplo, o impaciente sabe que precisará diminuir o ritmo em atividades que exijam precisão e controle, mesmo preferindo ser rápido na maioria das outras situações.

3. **Procurar ambientes em que possa atuar com poucos filtros** – Uma das situações mais estressantes para qualquer ser humano é passar muito tempo controlando seus comportamentos mais marcantes. Poder agir naturalmente se traduz em qualidade de vida e melhor desempenho.

4. **Ser autoconfiante** – Demonstrar confiança não significa arrogância, mas pleno conhecimento dos próprios limites.

5. **Convencer com mais facilidade** – Gente que se autoconhece costuma ser mais segura em seus argumentos, pois sabe mensurar sua capacidade de entregar o que promete. Isso gera uma reputação vencedora em seus posicionamentos.

Para convencer você precisa estar convencido!

INTRODUÇÃO

Caso 1 – Uma chance de ouro

Por intermédio de edital interno, uma grande empresa convida todos os funcionários da área comercial a participar de uma seleção para três novos projetos, com apenas uma vaga por projeto:

1. Passar três meses em treinamento no exterior para aprender sobre a utilização de um novo produto e, na volta, mais três meses treinando os colegas sobre os procedimentos. Passado o período, haverá a opção de ficar na área de treinamento para novos produtos ou de voltar para a equipe comercial.
2. Passar três meses como "cliente oculto", visitando (como se fosse alguém interessado em comprar algo) empresas que vendem seus produtos e os da concorrência. O objetivo será preparar um relatório detalhado sobre os pontos fortes e fracos dos produtos/serviços da companhia. Concluído o período, haverá a opção de fazer parte de uma equipe focada em melhoria de serviços ou de voltar para a área comercial.
3. Passar três meses no departamento de pesquisa e desenvolvimento de produtos. O objetivo será entender como funciona a metodologia adotada pela empresa para desenvolver novos produtos e resumir essa experiência para clientes internos e externos. No final do período, haverá a opção de fazer parte de um comitê que aprova lançamentos ou de voltar para a área comercial.

A maioria dos colaboradores decidiu se inscrever logo no primeiro dia nos três projetos, sem analisar os detalhes. Cibele fez diferente. Ela estudou os três programas minuciosamente, os critérios para seleção, as consequências para sua carreira e decidiu apenas por aquele em que tinha mais afinidade. Descartou a opção 2, por não sentir-se crítica o suficiente para fazer uma análise bem-feita. Nem cogitou a opção 3, por ser pouco detalhista, o que dificultaria bastante trabalhar com pesquisa.

Decidiu-se pela opção 1, pois além de aproveitar a oportunidade de praticar a língua inglesa – que estuda desde criança –, terá a chance de aprimorar sua aptidão para ministrar cursos (ela dá palestras informais para os recém-contratados) e, se tiver um bom desempenho, ficar definitivamente na área de treinamentos, que já era seu objetivo de médio prazo.

Com isso, direcionou sua preparação, teve tempo de estudar, entendeu melhor os objetivos e foi para as entrevistas com um plano de ação detalhado, deixando claro que não tinha interesse nos outros dois projetos. Seu desempenho foi tão marcante que foi a primeira a ser escolhida e já está preparando os trâmites para a viagem.

Além da aptidão natural, sua chance de aprovação foi muito maior do que a daqueles que optaram por tentar tudo ao mesmo tempo.

Leva enorme vantagem quem conhece bem suas aptidões e seus pontos limitantes. Um bom persuasor sabe que não adianta aceitar atribuições que não domina, pois perderá credibilidade e, com isso, seu poder de convencimento.

Portanto, na Parte 1 do livro investiremos seis capítulos em seu autoconhecimento, pois não adianta ir diretamente para as técnicas de convencimento (elas estarão na Parte 2) sem saber o que fazer com o que você já tem. Por isso, haverá quatro testes que o ajudarão a identificar aspectos importantes para melhorar sua capacidade de convencer. Você tem duas opções:

1. Interromper a leitura e preencher cada teste na sequência natural do livro. Com o resultado em mãos, continuar a leitura.
2. Pular os testes, fazer a leitura e preenchê-los ao final.

A primeira opção é a mais indicada, pois não sugestionará a interpretação dos testes. A segunda atenderá quem não gosta de perder o ritmo da leitura.

1
Qual é seu potencial de convencimento?

Quem define um problema já o resolveu pela metade.
JULIAN HUXLEY

Muita gente se pergunta: "Será que levo jeito para... Tocar violão? Ser chefe? Lidar com artesanato? Persuadir meu cônjuge a parar de fumar? Falar outro idioma? Dar palestras? Jogar basquete? Ter meu próprio negócio? Ser funcionário público? Trabalhar em casa?".

Que tal trocarmos a expressão "levo jeito" por "tenho potencial"?

A palavra "potencial", segundo o dicionário *Houaiss*, quer dizer "algo que exprime possibilidade". Assim, quanto mais alto for seu potencial para realizar algo, maior a possibilidade de que isso aconteça.

Seu potencial de convencimento será uma medida importante para definir até onde poderá chegar, mas não garante bons resultados se você não aprender a utilizá-lo ao máximo.

Vamos analisar algumas situações:

Uma criança que nasce com potencial genético para alcançar 2 metros de altura só chegará a essa estatura se tiver uma infância e adolescência saudáveis.

Um jovem de 17 anos com 2 metros de altura terá bom potencial para jogar basquete, por exemplo, pois a altura contribui. Entretanto, precisará treinar, exercitar-se e alimentar-se adequadamente, por vários anos, para usufruir ao máximo esse potencial e se tornar um grande jogador.

Um jovem de 17 anos com 1,60 metro tem potencial menor para jogar basquete e precisará se dedicar muito mais do que o rapaz alto (além de jogar em outra posição) para se tornar um grande atleta.

Digamos que, aos 25 anos, nenhum dos dois antigos adolescentes se tornou jogador de basquete profissional. O alto fez alguns treinamentos durante os últimos anos, mas não se dedicou e não liga muito para o esporte. O mais baixo treinou ou jogou no mínimo duas vezes por semana no período e, embora amador, adora o jogo.

Em uma eventual disputa apenas entre eles, é quase certo que o mais baixo ganhe a maioria dos jogos, pois, apesar de ter potencial menor, é muito mais bem preparado, motivado e treinado do que o grandão.

Um adulto que se expressa naturalmente bem no dia a dia tem bom potencial para se tornar um ótimo orador, mas precisará aprender técnicas que o auxiliem a usufruir ao máximo esse potencial.

Quem se expressa com dificuldade tem potencial mais baixo para tornar-se um grande orador, mas pode melhorar suas habilidades de comunicação, desde que se dedique com afinco.

Portanto, ter bom potencial de convencimento facilita bastante, mas não é garantia de bom desempenho. Por outro lado, ter baixo potencial de convencimento exigirá muita disciplina e estudo para chegar a bons resultados.

Os casos mais surpreendentes ocorrem nos extremos: pessoas com alto potencial de convencimento que, apesar das boas perspectivas, não obtêm bons resultados em seu cotidiano, e pessoas que apesar do baixo potencial alcançam bons resultados.

Vamos a alguns casos:

Caso 2 – O "boa gente" que não convence

Alencar é um pequeno empresário, na faixa dos 30 anos, que, embora com bom potencial de convencimento (é articulado, extrovertido e com boa formação acadêmica), não consegue evoluir nos negócios há mais de cinco anos.

Sua empresa passa por altos e baixos e ele não conquista novos clientes há meses. Alencar diz ter excelentes ideias, projetos revolucionários e muita vontade de colocá-los em prática. O problema é que tem pouco capital e precisa de sócios ou investidores para acelerar seus negócios e suas ideias. Em uma de nossas conversas, ele desabafou:

"Sou bem relacionado, todo mundo gosta de conversar comigo e recebo muitas indicações para vender meus projetos. Faço reuniões, apresento minhas propostas e as pessoas parecem gostar, pois nunca são contrárias ou fazem críticas. No entanto, não dão retorno aos meus e-mails ou telefonemas.

Fico desesperado para receber notícias – mesmo que seja um não, mas nem isso ocorre. O que há de errado comigo? Por que não consigo fechar um negócio relevante há meses?"

A história de Alencar é uma daquelas em que a pessoa parece ter alto potencial de convencimento, mas os resultados práticos são ruins ou abaixo do esperado.

Caso 3 – A competente insatisfeita

Marisa, de 22 anos, tem outro tipo de desafio. Ela aparenta baixo potencial de convencimento (é muito introvertida, pouco experiente, quase não tem vida social e se acha subestimada), mas seus resultados práticos são bons. Ela tem um ótimo emprego, boas perspectivas no médio prazo e um relacionamento estável.

Apesar de muitos admirarem seus resultados, Marisa está insatisfeita, inclusive com seu relacionamento afetivo, pois sente que deveria falar mais sobre seus planos. Ela costuma dizer a seus amigos: "Sou muito passiva, tenho vergonha de falar em causa própria e pareço viver para satisfazer as necessidades alheias".

A história de Marisa é uma daquelas em que a pessoa tem baixo potencial de convencimento, mas seus bons resultados poderiam ser muito melhores.

Caso 4 – O mediano querendo mudar

Breno, com 45 anos, tem outro desafio. Ele demonstra um potencial de convencimento mediano (como é o caso da maioria). Trabalha há quinze anos na mesma empresa, há cinco anos tem cargo de supervisor, fez duas pós-graduações, é respeitado por seus pares, consegue se expressar relativamente bem e é casado há vinte anos. Não obstante, sua situação aparentemente bem resolvida tem sido frustrante.

"Eu me sinto um medíocre, pois minha vida, inclusive a social, é cheia de rotinas, com pouquíssimos desafios e perspectivas ruins. Gostaria de ser promovido à gerência ou de obter vaga em uma das fábricas no exterior, mas não sei como convencer meu chefe. Também tenho receio de falar com minha esposa sobre mudanças em nossa rotina."

A história de Breno é uma daquelas em que a pessoa tem médio potencial de convencimento, muito mais por acomodação do que por falta de experiência ou habilidades.

Você já passou por situações parecidas? Qual é seu potencial para convencer? Como estão seus resultados?

Para entender melhor esse quadro, preparei um teste com vinte questões para que você identifique seu potencial de convencimento. É fundamental ser absolutamente sincero para analisar qual é seu estágio atual. Um diagnóstico realista o ajudará a definir os próximos passos, que estudaremos no decorrer do livro.

Teste 1 – Potencial de convencimento

Preencha o questionário para avaliar seu potencial de convencimento. Marque o que você já tem, e não aquilo que gostaria de ter. Se preferir fazer o teste pela internet, o site é www.genteconvence.com.

1. Como é sua habilidade de comunicação?
    a. Ruim. Tenho dificuldade para me comunicar.
    b. Mediana. Nem sempre consigo expressar o que penso.
    c. Boa. Consigo me expressar bem.
    d. Ótima. As pessoas dizem que me comunico com muita clareza.

2. Como é sua cultura geral (atualidades, economia, política, esportes etc.)?
    a. Ruim. Não me sinto bem informado.
    b. Mediana. Conheço o básico.
    c. Boa. Estou atualizado sobre vários assuntos.
    d. Ótima. Domino quase todos os temas da atualidade.

3. Como é sua rede de relacionamentos?
    a. Ruim. Acho perda de tempo.
    b. Regular. Esforço-me, mas acho que não levo jeito.
    c. Boa. Mas restrita a meu campo de atuação.
    d. Ótima. Relaciono-me bem em várias áreas.

4. Como é sua capacidade para "motivar" as pessoas a fazerem algo?
    a. Baixa. Não motivo nem a mim mesmo.
    b. Média. De vez em quando, motivo alguns conhecidos.
    c. Boa. Acho que consigo motivar as pessoas.
    d. Ótima. Sempre consigo motivar as pessoas.

5. **Quanto você estuda (formal ou informalmente)?**
   a. Pouco. Odeio estudar.
   b. Para o gasto. Tenho dificuldade para estudar, mas procuro conhecer o básico.
   c. Sempre que possível. Tenho pouco tempo disponível e faço o que dá.
   d. Bastante. Não perco oportunidades para estudar.

6. **Como é sua habilidade para orientar ou ensinar as pessoas?**
   a. Ruim. Não levo o menor jeito.
   b. Mediana. Tenho dificuldade, mas tento.
   c. Boa. As pessoas dizem que oriento bem.
   d. Ótima. Sou muito procurado para orientar e ensinar.

7. **Como é sua capacidade de perceber o que as pessoas desejam?**
   a. Baixa. Mais erro que acerto.
   b. Mediana. Depende da pessoa e do dia.
   c. Boa. Normalmente, percebo o que as pessoas querem.
   d. Ótima. Tenho quase um sexto sentido para "ler" as pessoas.

8. **Como é sua capacidade de resolver problemas imprevistos?**
   a. Baixa. Odeio improvisar.
   b. Mediana. Depende do problema e de meu estado de espírito.
   c. Boa. Quase sempre resolvo bem.
   d. Ótima. Adoro resolver problemas.

9. Como é sua "autoridade moral" em casa e/ou no trabalho?
    a. Baixa. Não imponho respeito nem com o cachorro.
    b. Mediana. Nem sempre tenho o respeito que mereço.
    c. Boa. Com frequência, sou citado como referência.
    d. Ótima. Sou considerado um exemplo a ser seguido.

10. Como é sua capacidade de mediar conflitos?
    a. Ruim. Normalmente, envolvo-me nos conflitos e pioro a situação.
    b. Mediana. Só tento mediar se não houver mais ninguém para fazê-lo.
    c. Boa. Dizem que sou habilidoso.
    d. Ótima. Sou convidado, com frequência, para mediar conflitos.

11. Qual é sua capacidade de agir sob pressão?
    a. Baixa. Costumo ficar paralisado quando pressionado.
    b. Mediana. Consigo me adaptar se for por pouco tempo.
    c. Boa. Administro bem a pressão do dia a dia.
    d. Ótima. Sinto-me ainda mais motivado quando pressionado.

12. Como é a administração de sua agenda diária (trabalho, família, amigos)?
    a. Ruim. Minha agenda é uma bagunça.
    b. Mediana. Consigo organizar o básico, mas tenho dificuldade.
    c. Boa. Tenho uma agenda que funciona bem.
    d. Ótima. Sou muito organizado.

13. **Como é sua capacidade de definir prioridades?**
    a. Ruim. Faço tudo ao mesmo tempo e assumo compromissos que não deveria.
    b. Média. Consigo definir o básico.
    c. Boa. Consigo definir prioridades e sigo o roteiro a maior parte do tempo.
    d. Ótima. Consigo definir precisamente minhas prioridades.

14. **Como é sua autoconfiança?**
    a. Baixa. Sinto-me inseguro a maior parte do tempo.
    b. Mediana. Sinto-me confiante em alguns ambientes, e inseguro em outros.
    c. Alta. Sinto-me confiante na maioria das situações.
    d. Altíssima. Sou extremamente autoconfiante.

15. **Qual é sua tolerância a frustrações?**
    a. Baixa. Tolerância zero.
    b. Mediana. Tolero algumas dificuldades, sofro em outras.
    c. Boa. Consigo reagir bem às frustrações do cotidiano.
    d. Ótima. Tolero muito bem e procuro aprender com as frustrações.

16. **Como é seu humor no dia a dia?**
    a. Ruim. Costumo ser mal-humorado.
    b. Variável. Depende do dia.
    c. Bom. Normalmente, estou de bom humor.
    d. Ótimo. Sempre estou de bom humor.

17. **Como é sua habilidade para ouvir?**
    a. Ruim. Sou mau ouvinte.
    b. Mediana. Eu me esforço, mas tendo a me distrair ou interromper as pessoas.
    c. Boa. Costumo ficar atento ao que o outro diz.
    d. Ótima. Fico muito atento e concentrado na maioria das situações.

18. **Como é sua habilidade para fazer perguntas?**
    a. Ruim. Prefiro afirmar.
    b. Mediana. Deveria perguntar mais.
    c. Boa. Costumo usar um roteiro de perguntas.
    d. Ótima. Procuro adaptar perguntas a cada resposta.

19. **Como você lida com objeções?**
    a. Mal. Fico irritado e encaro como ofensa.
    b. Razoavelmente. Acho desagradável, mas disfarço bem.
    c. Bem. Procuro contra-argumentar de maneira educada.
    d. Muito bem. Objeções são sinais de interesse e, por isso, procuro compreendê-las.

20. **Que resultados você gera em seu trabalho?**
    a. Baixos. Meu trabalho é frustrante e não estou rendendo bem.
    b. Médios. Poderia produzir mais.
    c. Bons. Costumam ficar um pouco acima da média.
    d. Excelentes. Costumam ficar muito acima da média.

Resultado
Pontos por alternativas:

a. 1 ponto

b. 4 pontos

c. 7 pontos

d. 10 pontos

Soma total _____

ANÁLISE DOS RESULTADOS:

20 a 60 pontos – Você tem, atualmente, baixo potencial de convencimento!

Isso não é uma sentença definitiva, mas exigirá mudanças. É provável que não receba muita atenção e tenha dificuldades para convencer a maioria das pessoas. Sugiro que estude com afinco o conteúdo deste livro e comece, imediatamente, a colocar em prática o que lhe parecer mais acessível. Tente alcançar uma meta de 100 pontos na próxima vez que preencher o teste, entre 90 e 120 dias após a leitura de todo material.

61 a 120 pontos – Você tem, atualmente, médio potencial de convencimento!

Isso significa que você faz parte do enorme grupo de pessoas que poderiam aproveitar muito mais suas habilidades, incluir outras e ultrapassar a barreira dos medianos. É provável que as pessoas lhe deem alguma atenção e que você consiga convencer quem o conhece bem. Para melhorar seu desempenho, comece a colocar em prática o que lhe parecer mais simples. Sugiro como primeira meta atingir 150 pontos na próxima vez que preencher o teste, entre 90 e 120 dias após a leitura do livro.

121 a 160 pontos – Você tem, atualmente, bom potencial de convencimento!

Você é uma pessoa com bom potencial para convencer e será relativamente fácil transformar essa tendência em resultados. Provavelmente, as pessoas lhe dão bastante atenção e você convence quem o conhece, bem como alguns estranhos. Seu desafio será aperfeiçoar esse potencial e transformá-lo em desempenho superior e consistente. Sugiro como primeira meta atingir 180 pontos na próxima vez que preencher o teste, entre 90 e 120 dias após a leitura de todo material.

161 a 200 pontos – Você tem, atualmente, ótimo potencial de convencimento!

Seja qual for sua atividade, você deve ser muito bom para convencer a maioria das pessoas. A principal questão, no entanto, é: todo esse potencial tem gerado ótimos resultados? Você costuma alcançar suas metas? Seus objetivos profissionais (crescimento na carreira, boa remuneração, autorrealização) estão dentro do esperado? Sua vida familiar e social são satisfatórias?

Se os resultados em todas essas áreas forem ótimos, este livro será apenas o reforço de muito daquilo que você já sabe e faz. Se os resultados ainda não forem ótimos, seu desafio será alcançá-los. Provavelmente, este material será útil para ajudá-lo a concentrar esforços em detalhes que farão a diferença no futuro.

Agora que você já preencheu o teste, sugiro o seguinte:

Anote aqui sua pontuação e a data do teste: ____ __/__/__

Anote aqui a data e a pontuação do novo teste, se possível 90 a 120 dias depois de ler todo o livro: _____ __/__/__

Anote cada questão em que você marcou médio ou ruim e defina que estratégia pretende utilizar para passar a bom ou ótimo. Coloque em ordem de "facilidade", ou seja, se forem cinco questões, a primeira é a mais fácil de melhorar, e a quinta, a mais difícil.

1._____
2._____
3._____
4._____
5._____

Algumas situações, como "melhorar a cultura geral", dependem pouco da teoria e muito de sua determinação. Outras situações, como "perguntar mais que afirmar", "aprender a ouvir" ou "lidar melhor com objeções", mesclam o aprendizado de novas técnicas com seu esforço.

Por último, há situações, como "melhorar seu desempenho no trabalho", que podem demandar uma mudança mais séria. Se você não gosta do emprego atual e não tem perspectivas mínimas de melhoria, é melhor pensar em mudar de emprego para zerar o jogo e começar a trabalhar em um ambiente no qual possa render mais.

Para finalizar o capítulo, gostaria de dizer que será fundamental que procure fazer ajustes aos poucos. **Melhorias pequenas e contínuas são a chave para obter bons resultados.**

2

Perfil de convencimento: a maneira como você deveria convencer as pessoas

O mais importante para quem quer trabalhar e fazer negócios é ser respeitado por sua marca pessoal. Portanto, invista toda a energia na construção de uma excelente marca.

Tom Peters

Uma das perguntas mais relevantes que quase todos se fazem é: "Até que ponto é possível mudar minha personalidade?".

Considero o assunto tão importante que dediquei mais de vinte anos de estudos na área da neurociência comportamental e escrevi um livro inteiro – *Por que a gente é do jeito que a gente é?* – e várias outras páginas no livro *Seja a pessoa certa no lugar certo* para abordar esse tema, aqui resumido.

Há um consenso entre os neurocientistas de que cerca de 50% dos comportamentos são herdados, ou seja, têm relação com a genética, e em torno de 50% são influenciados pelo ambiente. Segundo Matt Ridley, autor do livro *O que nos faz humanos*, "a genética é o revólver e o gatilho é o ambiente".

Se alguém, por exemplo, nasce geneticamente dotado de alta inteligência linguística (grande facilidade para se expressar) e é bem estimulado – em um ambiente familiar e escolar favorável – certamente será um adolescente e, depois, um adulto com ótima articulação verbal.

Segundo os estudos do ganhador do prêmio Nobel de economia de 2000, James Heckman, uma criança cognitivamente bem estimulada, principalmente entre 3 e 8 anos, terá um vocabulário, quando adulta, que variará entre 12 mil e 13 mil palavras.

Por outro lado, se um gêmeo idêntico dessa criança não receber estímulos cognitivos adequados (não for à escola ou instruído pelos pais) entre 3 e 8 anos, terá, quando adulto, um vocabulário que dificilmente ultrapassará 4 mil palavras.

Segundo Heckman, a personalidade de um adulto é como um prédio. A estrutura é estável, mas o acabamento muda quantas vezes o morador quiser. Ou seja, você não pode mudar o prédio de lugar, mas pode modificar a pintura, o piso, a decoração, os encanamentos, o isolamento acústico, os eletrodomésticos e até transformar um quarto em uma sala.

Ocorre algo semelhante com a personalidade. A introversão é estrutural, pois faz parte da estrutura genética/ambiente desenvolvida até o fim da adolescência, e mudará pouco. Portanto, é muito improvável que um adulto tímido se transforme em extrovertido, pois isso faz parte da estrutura de seu prédio/personalidade. Não obstante, essa pessoa pode mudar o acabamento de sua personalidade/prédio ao aprender a falar em público, expressar-se com mais clareza e até participar de alguns eventos sociais, sem deixar de ser, na essência, uma pessoa introvertida e reservada a maior parte do tempo.

Para efeitos práticos, entre 70% e 80% de sua personalidade é estrutural (o prédio não mudará de lugar), mas 20% a 30% tem a ver com o acabamento e pode ser melhorado quantas vezes você quiser. Os neurocientistas chamam de neuroplasticidade a capacidade do cérebro humano de modificar sua estrutura neural (criar novas ligações entre os neurônios) para aprender atividades inéditas e até ajustar comportamentos. Nosso grande desafio é identificar o que é estrutural e deveria ser aceito, e o que é acabamento e poderia ser ajustado.

A principal dica para identificar as diferenças entre estrutura e acabamento é prestar atenção em comportamentos, aptidões e até dificuldades que temos desde a infância. Veja um quadro com alguns exemplos sobre comportamentos estruturais e sugestões para melhorar o acabamento:

ESTRUTURA	ACABAMENTO
Ser dominante.	Cuidar para não amedrontar as pessoas.
Ser obediente.	Aprender a impor-se em algumas situações.
Ser extrovertido.	Aperfeiçoar sua capacidade de escutar.
Ser tímido.	Desenvolver a habilidade de falar um pouco mais.
Ser impaciente.	Aprender a ser menos intolerante com pessoas lentas.
Ser calmo.	Aumentar um pouco seu ritmo.
Ser perfeccionista.	Aprender a relaxar em algumas situações.
Ser flexível.	Aperfeiçoar sua capacidade de seguir regras.

Outras habilidades que costumam ser estruturais:

- Ter facilidade para improvisar.
- Ser muito bom para fazer cálculos matemáticos complexos.

- Ter facilidade para gravar novas informações.
- Ser engraçado ou bem-humorado.
- Ser muito dedicado ou comprometido com suas tarefas.
- Ter facilidade para falar em público.
- Entender rapidamente o que as pessoas precisam.
- Ter dons artísticos.
- Ter habilidades esportivas.
- Ter aptidão para liderar.

Resumindo, você precisa conhecer suas características estruturais mais marcantes e usá-las ao máximo; precisa também ajustar o que está faltando por meio do acabamento (neuroplasticidade cerebral) e dar tempo para que os resultados apareçam.

***

Você verá, a seguir, a análise de cinco grandes perfis de convencimento, cada um a seu modo muito útil para melhorar o poder de persuasão.

Poderia utilizar diferentes teorias para analisar a personalidade (DISC, PI, MBTI, Eneagrama, entre outras), mas, por se tratar de um livro sobre convencimento, preferi utilizar como referência a terminologia descrita por Matthew Dixon e Brent Adamson no livro *A venda desafiadora*. Esse modelo foi baseado na análise de estilo de mais de 6 mil profissionais norte-americanos que trabalhavam com vendas complexas. Eles chegaram à conclusão de que cinco grandes estilos representavam a maioria dos analisados.

Resolvi adaptar a descrição desses cinco estilos à realidade brasileira, ajustando a nomenclatura bem como a descrição dos perfis. Também testei a aplicabilidade do método adaptado com mais de mil pessoas, e os resultados indicaram coerência com nossa realidade.

Os dados que venho colhendo e a experiência de tantos anos em treinamentos e consultorias indicam que cerca de 80% das pessoas têm pelo menos um dos cinco modelos em alta intensidade, evidenciando características marcantes. Apesar de um dos perfis ser mais intenso em sua personalidade, é comum haver alguns atributos de outros modelos que se somam ao principal.

Como seu perfil mais intenso é estrutural, será muito importante aproveitá-lo e, dentro do possível, incorporar uma ou outra característica positiva de outros modelos (acabamento) para aumentar seu poder de convencimento. Portanto, o objetivo deste livro não é propor uma mudança de perfil, mas pequenos ajustes e melhorias.

* * *

A seguir, o teste dos perfis de convencimento. Não procure uma "resposta certa" e sim o que você realmente sente ou faz. Se preferir fazer o teste pela internet, o site é www.gentequeconvence.com.

Marque as seguintes pontuações:

Quase sempre – 3 pontos
Muitas vezes   – 2 pontos
Poucas vezes   – 1 ponto
Quase nunca   – 0 ponto

Teste 2 – Perfis de convencimento

1. **Solitário/independente**
   ____ Sou reservado.
   ____ Prefiro fazer as coisas da minha maneira.
   ____ Falo apenas o necessário.
   ____ Prefiro trabalhar sozinho.
   ____ Evito ser comandado.
   ____ Sigo meus instintos.
   ____ Sou introvertido.
   ____ Não gosto que interfiram em minhas atividades.
   ____ Tenho minhas próprias regras.
   ____ Sinto dificuldade para trabalhar em equipe.
   ____ TOTAL

2. **Resolvedor/estudioso**
   ____ Sou estudioso.
   ____ Evito improvisos.
   ____ Analiso profundamente um problema antes de resolvê-lo.
   ____ Procuro várias opções até encontrar o melhor caminho.
   ____ Gosto de resolver problemas complexos.
   ____ Termino o que começo.
   ____ Faço uma coisa de cada vez.
   ____ Sou disciplinado.
   ____ Procuro melhorar meu desempenho a cada dia.
   ____ Aceito trabalhos difíceis.
   ____ TOTAL

3. **Desafiador/supersincero**
   ____ Sou dominante.
   ____ Gosto de discutir assuntos polêmicos.

____ Sou autoconfiante.
____ Gosto de orientar.
____ Sou impaciente.
____ Sou ousado.
____ Trabalho bem sob pressão.
____ Falo o que penso.
____ Energizo qualquer ambiente.
____ Coloco pressão nas pessoas.
____ TOTAL

4. **Carismático/criativo**
   ____ Sou criativo.
   ____ Sou bom de relacionamento.
   ____ Sou emotivo.
   ____ Sou entusiasmado.
   ____ Sou bem-humorado.
   ____ Faço novas amizades facilmente.
   ____ Compreendo as pessoas rapidamente.
   ____ Adapto-me a qualquer ambiente.
   ____ Conquisto pela simpatia.
   ____ Sou falante.
   ____ TOTAL

5. **Mão na massa/trabalhador**
   ____ Sou dedicado.
   ____ Faço longas jornadas de trabalho.
   ____ Não desperdiço tempo.
   ____ Sou persistente.
   ____ Tenho boa resistência física.
   ____ Sou prestativo.
   ____ Gosto mais de fazer do que de mandar.

____ Gosto mais da prática do que da teoria.
____ Sou esforçado.
____ Sou melhor fazendo do que falando.
____ TOTAL

ANÁLISE DOS RESULTADOS:

0-5 pontos – Baixíssima intensidade no estilo.
6-10 pontos – Baixa intensidade no estilo.
11-19 pontos – Média intensidade no estilo.
20-25 pontos – Alta intensidade no estilo.
26-30 pontos – Altíssima intensidade no estilo.

Quanto mais baixa a pontuação, menor é a frequência com que você demonstra o estilo analisado. E, quanto mais alta, mais frequentemente o demonstra.

1 – Solitário _____
2 – Resolvedor _____
3 – Desafiador _____
4 – Carismático _____
5 – Mão na massa _____

Agora que preencheu o teste, você verá como analisar seu perfil predominante e, principalmente, como utilizá-lo melhor no dia a dia para convencer as pessoas.

Os perfis de convencimento

1. SOLITÁRIO/INDEPENDENTE

> *Sabedoria é saber o que fazer.*
> *Habilidade é saber como fazer.*
> *Virtude é fazer.*
> David Starr Jordan

A pessoa com perfil solitário predominante gosta da própria companhia, é pouco sociável e obtém melhores resultados quando depende exclusivamente de si.

Características marcantes

- Costuma ser reservada e discreta.
- Prefere fazer as coisas do próprio jeito.
- Costuma falar o mínimo necessário.
- Prefere trabalhar com pouca supervisão.
- Não necessita receber ordens para agir.
- Costuma seguir sua intuição e seus instintos.
- Costuma ser competente no que faz, mas evita autopromoção.
- Não gosta que interfiram em suas atividades.
- Prefere formular as próprias regras e horários.
- Sente dificuldade para trabalhar em equipe.

Pontos fortes mais comuns

- Não compete por atenção.
- É focada.
- É concentrada.
- Não perde tempo com política interna ou fofocas.
- É discreta.
- Não precisa de cobrança para fazer o trabalho.

Pontos fracos mais comuns

- Pode parecer apagada.
- Pode demonstrar frieza.
- Pode ser antissocial.
- Pode se valorizar pouco.

Onde funciona melhor

- Trabalhos em que os resultados importem mais que os relacionamentos.
- Situações em que dependa muito de si e pouco dos outros.
- Ambientes onde possa se manter em silêncio e concentrada a maior parte do tempo.
- *Home office* (trabalho em casa).
- Serviços por empreitada.

Como convencer os demais

- Mostre que é uma pessoa discreta e confiável.
- Deixe claro que você fala pouco, mas entrega resultados consistentes.
- Reforce sua pouca necessidade de apoio para produzir bem.
- Diga que você não compete por atenção.

Caso 5 – A engenheira solitária

Cecília é engenheira eletrônica, tem 26 anos, trabalha em uma empresa de grande porte e tem o perfil solitário como o mais intenso. Ela considera seu emprego bem remunerado, mas está insatisfeita com as perspectivas da carreira. Para progredir precisaria se relacionar melhor com colegas, chefes e pessoas de outros departamentos, o que é difícil para alguém com seu estilo. Ela também se incomoda com a quantidade de reuniões improdutivas, pois acha que as pessoas falam demais e depois se esquecem dos assuntos abordados. Costuma chegar antes das sete horas, pois há pouca gente na empresa e é quando produz melhor.

Como trabalha com projetos técnicos, que não dependem tanto do trabalho em equipe, fará uma proposta ao chefe para montar um *home office* onde possa ficar pelo menos três dias por semana. Por ser bastante organizada, metódica e trabalhar melhor sozinha, tem certeza de que melhorará sua produtividade. Seu objetivo será convencer o chefe a permitir essa modalidade de trabalho, que é uma exceção na empresa.

Minhas sugestões a Cecília:

- Mostre seu histórico de bons resultados.
- Explique que seu estilo é solitário e, portanto, não necessita trabalhar em equipe para produzir o máximo.
- Comprove, com exemplos práticos, sua disciplina e que trabalhar em casa não atrapalhará sua rotina.
- Proponha um período de experiência de seis meses para comprovar a melhoria de seus resultados, que já são bons.
- Coloque-se à disposição para ir à empresa (reuniões, demonstração de resultados, análise de novos projetos) quantas vezes forem necessárias.

Caso 6 – O jovem escritor

Mateus tem 17 anos, perfil solitário e adora ler desde pequeno. Nos últimos três anos, escreve diários sobre sua vida relatando como é difícil ser um adolescente tímido em um mundo que valoriza a sociabilidade. Uma amiga leu um dos diários e ficou encantada, dizendo que muita gente, inclusive ela, passa por situações parecidas.

Mateus pensa em transformar os diários em um livro, mas tem muito medo da reação do pai, empresário dinâmico e bem-sucedido, que acha isso uma bobagem e gostaria de ter o filho trabalhando na companhia. O rapaz odeia a ideia de trabalhar em qualquer empresa, principalmente na do pai. Ele quer fazer um curso de letras e começar a escrever profissionalmente, que tem muito mais a ver com seu perfil. Como convencer o pai?

Minhas sugestões a Mateus:

- Fale sobre o quanto você gosta de escrever.
- Explique seu perfil solitário e argumente que não leva o menor jeito para lidar com muitas pessoas, muito menos comandar uma empresa.
- Comprove, com exemplos práticos (é só pegar a lista de livros mais vendidos), que há muitos autores jovens bem-sucedidos.
- Proponha que ele o ajude a fazer um plano de ação para vender o projeto para uma editora.
- Diga que o admira e respeita, mas gostaria de seguir sua vocação, não a dele.

2. RESOLVEDOR/ESTUDIOSO

> *Nenhuma das minhas invenções aconteceu por acaso e sim por meio de muito estudo, repetição e trabalho.*
> Thomas Edison

A pessoa com perfil resolvedor predominante adora estudar, é motivada para resolver problemas e obtém melhores resultados quando tem tempo para encontrar a melhor solução, nem que precise criar algo novo.

Características marcantes

- Está sempre à procura de novos treinamentos e informações.
- Não gosta de trabalhar sob pressão.
- Prefere analisar profundamente um problema antes de resolvê-lo.
- Procura várias opções até encontrar o melhor caminho.
- Gosta de resolver problemas desafiadores.
- Faz questão de terminar o que começa.
- Prefere fazer uma coisa de cada vez.
- É disciplinada.
- Procura melhorar seu desempenho todos os dias.
- É muito exigente consigo.

Pontos fortes mais comuns

- Não tem medo de novos desafios.
- Termina o que começa.
- Procura soluções inovadoras.
- É muito competente tecnicamente.
- É focada em organizar metodologias que todos possam seguir.
- Não desiste fácil.

Pontos fracos mais comuns

- Pode ser lenta.
- Pode exigir perfeição e atrasar a entrega de resultados.
- Pode ser muito crítica consigo e com os outros.
- Pode ter dificuldade para lidar com pessoas desorganizadas.

Onde funciona melhor

- Trabalhos em que os resultados possam ser medidos no longo prazo.
- Situações em que tenha tempo para pesquisar ou criar soluções.
- Ambientes em que a disciplina seja um requisito importante.
- Trabalhos em que possa se dedicar a um projeto de cada vez.
- Locais onde seu estilo nerd é valorizado.

Como convencer os demais

- Afirme ser uma pessoa focada em resolver desafios.
- Deixe claro que você estudará soluções com afinco.
- Reforce que você criará metodologias fáceis de serem seguidas.
- Diga que quando não souber algo, aprenderá rapidamente.

Caso 7 – O gênio subaproveitado

Júlio é acadêmico em ciência da computação, tem 20 anos, possui o estilo resolvedor como o mais intenso e trabalha como estagiário em uma multinacional que desenvolve e vende softwares de segurança para grandes empresas. Apesar de jovem, já estagiou em outras companhias da área e essa é sua maior chance para garantir um ótimo emprego no final do estágio. É considerado um gênio, entretanto está insatisfeito com sua função, por considerá-la muito burocrática – ele procura falhas nos programas e anota reclamações de clientes. Julga que seu talento é subaproveitado e gostaria de trabalhar no desenvolvimento de novos produtos. O problema é que ele é um autodidata – o que dificulta seu pleito, pois os programas são desenvolvidos por pessoas com uma formação acadêmica muito mais consistente que a dele.

Minhas sugestões a Júlio:

- Diga ao chefe os motivos pelos quais se julga subaproveitado na empresa.
- Fale sobre sua habilidade para criar soluções na área.
- Comprove, com exemplos práticos, produtos que você desenvolveu.
- Proponha um período de um ano para trabalhar como auxiliar no desenvolvimento de novos produtos.
- Enquanto aguarda a oportunidade de ser contratado, desenvolva uma solução para clientes de médio porte (que a equipe da matriz não conseguiria atender) em suas horas vagas. Talvez não ganhe um valor extra no período, mas certamente aumentará muito suas chances de ser efetivado antes do fim do estágio.

Caso 8 – Fico no emprego ou abro um negócio?

Sandra tem 40 anos e trabalha há oito em um salão de beleza. É a mais requisitada, pois, além de sempre buscar inovações, é especialista em arrumar erros cometidos por outros profissionais: "conserta" cabelos mal cortados, tinturas inadequadas etc. A vida profissional nunca esteve melhor, mas ela enfrenta um grande dilema.

Foi convidada por uma amiga para ser sócia em um pequeno salão de beleza. No início, trabalhariam apenas as duas atendendo clientes antigas e, aos poucos, contratariam mais pessoas. O problema é que, além de gastar todas as economias, ela teria de fazer um empréstimo bancário, endividando-se por no mínimo dois anos.

Ela adora o que faz, tem talento, é benquista, mas sente muito medo de arriscar, pois não possui nenhuma experiência para administrar a parte burocrática. Por outro lado, pode ser sua grande chance de ter o próprio negócio e fazer o trabalho a sua maneira.

Minhas sugestões a Sandra:

- Analise se os talentos de sua possível sócia são complementares aos seus e, principalmente, pergunte-se: "Conseguirei utilizar minhas principais habilidades a maior parte do tempo?". Se as duas fizerem as mesmas coisas, ou você precisar mudar excessivamente seu estilo, as chances de sucesso serão menores. Portanto, negocie, por escrito, as atribuições e responsabilidades de cada uma.
- Pondere se há afinidade pessoal com a eventual sócia. Valores, princípios e a maneira de lidar com dinheiro são indicativos importantes a ser avaliados antes de começar uma sociedade.
- Antes de tomar qualquer decisão, faça um curso do Sebrae (Serviço Brasileiro de Apoio às Micro e Pequenas Empresas) para pequenos empreendedores. Além de entender como funciona toda parte operacional, como documentação, categoria de empresa e pagamento de impostos, aprenderá a avaliar a viabilidade econômica do futuro negócio e em quanto tempo recuperaria o capital investido.
- Converse detalhadamente com pessoas que tenham empresas semelhantes à que você quer começar. Pergunte

sobre as oportunidades, os riscos, as melhores opções de ponto, como fazer a divulgação e assim por diante.
- Não acredite no ditado que "o cavalo só passa encilhado uma vez", pois não é verdade. Para o ótimo profissional é comum aparecer boas oportunidades. Por isso, não se precipite em decidir sob pressão.
- Convença sua provável sócia a participar de todas essas etapas. Se concluírem que o negócio é viável, comecem a nova empreitada.

3. DESAFIADOR/SUPERSINCERO

Há verdades que a gente só pode dizer depois de conquistar o direito de pronunciá-las.
Jean Cocteau

A pessoa com perfil desafiador predominante costuma dizer o que pensa, é determinada a quebrar paradigmas e obtém melhores resultados quando pode ser direta.

Características marcantes

- É dominante.
- Não foge de polêmicas.
- É autoconfiante.
- Gosta de orientar.
- É impaciente.
- É ousada.
- Trabalha bem sob pressão.
- Fala o que pensa.
- Energiza os ambientes onde atua.
- Coloca pressão nas pessoas, mesmo que não tenha cargo de chefia.

Pontos fortes mais comuns

- É focada em resultados rápidos.
- Costuma ser agente de mudanças.
- Desafia o *status quo*.
- Aponta falhas com clareza.
- É objetiva.
- Gosta de liderar.

Pontos fracos mais comuns

- Pode ser agressiva.
- Pode ser arrogante.
- Pode ter dificuldade para lidar com pessoas lentas.
- Pode gerar medo.

Onde funciona melhor

- Trabalhos em que haja necessidade de resultados rápidos.
- Situações em que possa realizar mudanças.
- Ambientes em que a franqueza é valorizada.
- Lugares em que possa imprimir um ritmo acelerado.
- Trabalhos com metas arrojadas.

Como convencer os demais

- Mostre seu histórico de resultados positivos.
- Deixe claro que identifica falhas rapidamente.
- Reforce que você tem habilidade para treinar e ensinar.
- Mostre que sua objetividade energiza o ambiente.

Caso 9 – Sincera "demais"

Dione tem 35 anos, casada, sem filhos, trabalha em um conhecido escritório de advocacia (é o quinto escritório nos últimos dez anos) e tem o perfil desafiador predominante na personalidade. Ela é extremamente competente, mas está cansada de ser criticada por seu estilo franco. Seus chefes ainda não a convidaram para fazer parte da sociedade, pois acham que ela é muito dura com os clientes, colegas e até eles próprios. Dione critica abertamente pessoas pouco comprometidas e sempre faz uma análise realista com os clientes, inclusive recusando casos que crê serem perdidos. Com ela não há meio-termo: é adorada ou odiada. No momento, está em uma encruzilhada na carreira: monta o próprio escritório, para ganhar menos nos primeiros anos e obter paz de espírito, ou tenta ser mais tolerante e menos desafiadora para manter o emprego.

Minhas sugestões a Dione:

- Comprove, com exemplos numéricos, todas as demandas em que obteve sucesso.

- Como seu índice de ganhos de causas é alto, proponha aos sócios do escritório trabalhar como prestadora de serviços, e não como funcionária.
- Faça uma reserva financeira que lhe mantenha por pelo menos um ano.
- Enquanto isso, prepare-se para atuar por conta própria. Mesmo ganhando menos, terá a oportunidade de fazer as coisas do seu jeito.
- Isso feito, trabalhe com clientes que procuram alguém sem papas na língua, como você. Com o passar do tempo, essa fama se espalhará e você poderá atuar como sempre sonhou, pois, atualmente, sente-se como "um urso preso em uma gaiola de passarinho".

Caso 10 – O caçula que decide

Guto é o mais jovem de quatro irmãos, seu perfil predominante é o desafiador e, apesar de bem-sucedido profissionalmente, é tido como pessoa difícil de lidar pela intransigência com que defende seus pontos de vista. Atualmente, há um impasse na família. Sua mãe faleceu há algumas semanas (o pai se foi há anos) e deixou como herança um terreno muito valioso na capital onde residem.

Os irmãos mais velhos têm dívidas e contam com a venda imediata do terreno para saldar seus compromissos, além de ficar com uma sobra.

Guto é radicalmente contra, pois, com a crise no mercado imobiliário, houve apenas um interessado oferecendo um valor ínfimo. Os irmãos o acusam de egoísta, dizendo que ele não quer vender porque não precisa de dinheiro.

Ele estima que em dois ou três anos o terreno poderá dobrar ou triplicar de valor. O impasse está criado e os irmãos ameaçam entrar na justiça para dividir o terreno, desvalorizando-o ainda mais.

Minhas sugestões a Guto:

- Diga aos irmãos que compreende a necessidade deles.
- Argumente que o terreno poderá ser trocado, no futuro, por no mínimo seis apartamentos, pois, há alguns anos, duas construtoras fizeram esta proposta: construir um conjunto de duas torres e oferecer em troca seis apartamentos quando elas ficassem prontas.
- Se recusarem a ideia, assuma a dívida deles pelo valor atual do terreno.
- Você consumiria suas reservas financeiras, mas evitaria um rompimento e ainda faria um bom investimento.

4. CARISMÁTICO/CRIATIVO

*A força não tem lugar
onde se precisa de talento.*
Heródoto

A pessoa com perfil carismático predominante é sociável, otimista, trabalha bem em equipe e obtém melhores resultados quando pode ser calorosa.

Características marcantes

- É criativa.
- É boa de relacionamento.
- Tem muito jogo de cintura.
- É entusiasmada.
- É bem-humorada.
- Tem muita facilidade para fazer novas amizades.
- Compreende rapidamente o que as pessoas querem.
- Adapta-se bem a qualquer pessoa.
- Conquista pela simpatia.
- Costuma falar bastante.

Pontos fortes mais comuns

- Deixa as pessoas à vontade.
- Dá atenção genuína aos clientes.
- É criativa.
- Tem um ótimo *network*.
- Costuma ser benquista.
- Trabalha bem em equipe.

Pontos fracos mais comuns

- Pode ser exagerada.
- Pode ser muito otimista.
- Pode parecer imatura.
- Pode dar mais valor aos relacionamentos do que aos resultados.

Onde funciona melhor

- Trabalhos em que os resultados possam ser obtidos mediante um bom relacionamento.
- Situações em que possa ser o centro das atenções.
- Ambientes onde o bom humor é valorizado.
- Tarefas que permitam horários flexíveis.
- Funções que estimulem sua criatividade.

Como convencer os demais

- Mostre que é uma pessoa agregadora.
- Deixe claro que você tem uma grande rede de relacionamentos.
- Reforce que gosta de trabalhar em equipe.
- Diga que você é bem-humorado, mas focado no cumprimento de metas.

Caso 11 – O vendedor "preso"

Antunes tem 40 anos, perfil carismático como mais intenso, atua na área comercial desde a adolescência e, atualmente, trabalha como vendedor interno em uma empresa que comercializa materiais hospitalares. Ele se relaciona bem com todos: colegas, chefes, fornecedores e, claro, clientes. Há três anos, sofreu um sério acidente de trânsito e passou a usar um aparelho ortopédico que dificultava sua locomoção. Como foi obrigado a parar de viajar, aceitou uma vaga na venda interna, que praticamente só faz a reposição de produtos para clientes antigos. Antunes já se habituou a usar o aparelho e propôs-se, mais de uma vez, a voltar a viajar para captar novos clientes. Como a equipe comercial está completa, seu chefe reluta em aceitar seu pedido. A novidade é que sua empresa acaba de comprar uma concorrente e a linha de produtos vai praticamente dobrar.

Ele está querendo agendar uma conversa com o novo diretor, mas tem receio de melindrar o chefe atual, que o apoiou quando mais precisou.

Minhas sugestões a Antunes:

- Diga para seu chefe atual que a nova situação abre uma nova oportunidade para todos e que gostaria, com o apoio dele, de apresentar seus planos para abertura de novos clientes.
- Use todo seu carisma para dizer que já ficou "de castigo" por três anos, por causa do acidente, e que está motivadíssimo para começar uma nova empreitada.
- Prepare uma lista de visitas com pelo menos vinte hospitais que ainda não são clientes e os possíveis motivos para ainda não comprarem da empresa.
- Peça depoimentos de dez grandes clientes, falando sobre a excelência de seu atendimento.
- Com todo esse material em mãos, agende uma reunião com a nova direção e apresente sua proposta. Provavelmente, aceitarão.

Caso 12 – A jovem carismática

Maria Clara tem 17 anos, é extremamente carismática, sociável e bem articulada. Faz faculdade de design de moda e gostaria, junto com uma amiga de infância, de viajar e trabalhar na Itália por um ano. A amiga tem uma irmã mais velha que mora em Milão há cinco anos e poderia hospedá-las durante o período, desde que contribuam com as despesas. O problema é que ela é filha única, os pais são conservadores e não têm renda para bancá-la.

Minhas sugestões a Maria Clara:

- Comece a trabalhar durante um ano antes da viagem para poupar dinheiro. Para quem é jovem, um ano parece uma eternidade, mas dará tempo para que você se prepare e aproveite muito melhor o período.
- Enquanto isso, aprenda um pouco do idioma para não chegar tão crua. As chances aumentam se você tiver uma fluência razoável.
- Como é bem relacionada, comece a procurar com bastante antecedência um estágio remunerado em sua área de atuação. Além de aprender, terá uma pequena fonte de renda para manter-se.
- Apenas após ter um planejamento bem-feito, mostre a seus pais como isso será vantajoso para sua carreira.
- Argumente que a viagem valorizará seu curso universitário na volta.
- Argumente que eles conhecem suas amigas desde criança e que você estará em um lugar seguro.
- Prometa ligar ou trocar mensagens todos os dias, sem exceção, durante o período. Ou seja, eles poderão, por motivo de segurança, acompanhá-la em tempo real. Também deixe claro que seu perfil carismático será um "seguro", pois você tem muito jogo de cintura e saberá procurar ajuda se for necessário.

5. MÃO NA MASSA/TRABALHADOR

*Não é sábio quem identifica um tesouro,
mas quem enfrenta os desafios e o desenterra.*
Francisco de Quevedo y Villegas

A pessoa com perfil "mão na massa" predominante é dedicada, trabalhadora, disponível e obtém melhores resultados quando pode fazer trabalhos que requeiram muita prática e pouca teoria.

Características marcantes

- É muito dedicada.
- Costuma fazer longas jornadas de trabalho.
- Não desperdiça tempo.
- Parece nunca se cansar.
- Tem boa resistência física.
- É prestativa.
- Prefere fazer a mandar.
- Gosta mais da prática do que da teoria.
- Doa-se para o time.
- Sente-se melhor fazendo do que falando.

Pontos fortes mais comuns

- Trabalha duro.
- Costuma ser um ótimo exemplo pessoal.
- É comprometida.
- Reclama pouco.
- É prática.
- Tolera trabalhos cansativos.

Pontos fracos mais comuns

- Pode parecer desinformada.
- Pode passar a imagem de fazer apenas trabalhos operacionais.
- Pode ser explorada.
- Pode negligenciar a vida pessoal.

Onde funciona melhor

- Funções em que o trabalho árduo seja reconhecido e valorizado.
- Situações em que possa fazer muito e mandar pouco.
- Ambientes onde seu esforço sirva de exemplo.
- Funções que exijam pouca teoria.
- Trabalhos em que não precise falar muito.

Como convencer os demais

- Mostre que é uma pessoa trabalhadora.
- Deixe claro que você entrega o combinado.
- Reforce que você estará sempre disponível.
- Diga que você é muito colaborativo.

Caso 13 – A mão na massa altruísta

Fani tem 50 anos, perfil mão na massa e passou os últimos trinta anos cuidando dos três filhos (que agora são adultos), do marido (que viajava o tempo todo, a trabalho), dos pais doentes, de vários parentes em dificuldades, de vizinhos que não tinham com quem deixar os filhos e até de estranhos que pediam ajuda. Nunca teve um emprego formal, mas sempre auxiliava os outros. Finalmente, agora tem bastante tempo livre e seu sonho é... trabalhar formalmente! O problema é que não tem formação acadêmica, tampouco experiência em empresas e não sabe por onde começar.

Minhas sugestões a Fani:

- Sinta orgulho, pois sua história de vida vale mais do que um currículo tradicional.
- Procure empregos no terceiro setor (empresas sem fins lucrativos), no qual ser "mão na massa" e trabalhar com boa vontade e altruísmo pesam mais do que um histórico profissional.

- Escolha um lugar onde possa fazer a diferença.
- Se não houver uma vaga remunerada no momento, proponha-se a fazer um trabalho de voluntariado, um ou dois dias por semana.
- O trabalho voluntário mostrará seu valor, você ajudará quem necessita e ainda aumentará muito a chance de conseguir a primeira vaga remunerada que houver.

Caso 14 – O sujeito exemplar

Joacir tem 35 anos, trabalha como supervisor em uma indústria de autopeças de controle familiar e é o típico faz-tudo. Trabalha duro, ajuda os colegas, cobre férias, muda de turno quando necessário, faz plantões nos feriados etc. Sua esposa também trabalha em período integral e o casal tem filhos gêmeos de 4 anos.

Ocorre que as crianças estão com dificuldades de adaptação na escolinha e os pais não encontram um cuidador confiável. Os pequenos sofrem frequentes crises alérgicas e ele ou a esposa tem faltado ao trabalho para levá-los ao hospital.

Joacir está com um grande dilema: como não têm dívidas e possuem uma reserva financeira razoável, acha melhor que ele ou a esposa peça demissão do trabalho para cuidar melhor das crianças, por pelo menos um ano, mas não sabe como abordar o tema.

Minhas sugestões a Joacir:

- Estude todas as opções para ver se a melhor realmente é que um dos dois peça demissão ou trabalhe em meio período para atender as crianças.
- Defina qual de vocês tem melhor perspectiva de carreira nos próximos anos.
- Se for a esposa, cabe a você tomar a iniciativa de se afastar. Como tem um ótimo histórico na empresa, pode propor um trabalho de acompanhamento nos fins de semana ou em meio período, com um salário reduzido, até que você resolva a situação e volte a atuar em período integral.
- Se for o oposto, cabe a você convencer sua esposa a trabalhar em meio período para acompanhar melhor as crianças.
- É uma decisão difícil, a renda diminuirá, mas será por pouco tempo e em benefício da saúde e do bem-estar dos filhos pequenos.

6. MISTO

Cerca de 20% das pessoas não têm nenhum dos cinco perfis em alta intensidade, mas apresentam atributos de pelo menos três deles. Se for o seu caso, sugiro que releia o capítulo e, baseado na descrição dos perfis (Solitário, Resolvedor, Desafiador, Carismático e Mão na massa), identifique os itens que mais se encaixam em seu jeito de ser. Para resumir, escreva:

No mínimo cinco e no máximo dez características marcantes
_____
_____
_____
_____
_____
_____
_____

No mínimo três e no máximo cinco pontos fortes
_____
_____
_____
_____
_____

O AUTOCONHECIMENTO

_____
_____

No mínimo três e no máximo cinco pontos fracos
_____
_____
_____
_____
_____

No mínimo três e no máximo cinco situações onde funciona melhor
_____
_____
_____
_____
_____

Caso 15 – O polivalente sem identidade

Cristóvão tem apenas 30 anos, mas parece um veterano. Trabalha há quinze na mesma empresa – uma grande distribuidora de produtos para o mercado varejista, e já fez de quase tudo: começou como *office boy*, foi auxiliar na contabilidade, trabalhou no suporte a vendas e foi vendedor externo; depois, atuou na logística, no departamento de marketing e, atualmente, está cobrindo a licença-maternidade da supervisora de recursos humanos. Há dois anos, concluiu o curso de administração de empresas, e está pensando em fazer uma pós-graduação, mas passou por tantas áreas na companhia que está em dúvida sobre a escolha do curso.

PERFIL DE CONVENCIMENTO

Cristóvão apresenta características do perfil resolvedor (gosta de desafios e é disciplinado), do perfil carismático (é bem relacionado) e do perfil mão na massa (é dedicado e prestativo).

O problema é que o proprietário da companhia na qual trabalha abusa de sua boa vontade e o escala para funções dependendo da necessidade da empresa, quase sempre para cobrir furos. Ele alega agir assim para treiná-lo em diferentes áreas e, no futuro, promovê-lo a um cargo de liderança, mas já se passaram quinze anos e Cristóvão está descontente, pois só anda de lado. Ele sabe um pouco de tudo, e não se especializou em nada. Está pensando em ter uma conversa séria com o chefe, mas não sabe como se preparar.

Minhas sugestões a Cristóvão:

- Antes de qualquer conversa, analise alguns pontos importantes. O que mais gostou de fazer na empresa? Em que função obteve o melhor desempenho? Prefere trabalhar com processos (logística, contabilidade, suporte a vendas) ou com pessoas (vendas, recursos humanos)? Gostaria de ser chefe ou prefere se aprimorar em uma área técnica? Qual seria o cargo de seus sonhos na empresa? Gostaria de permanecer mais quinze anos ou preferiria mudar de empresa no curto prazo?
- Se você não definir em que área atuar, provavelmente sua carreira (nessa ou em outra empresa) continuará nesse zigue-zague e você não conseguirá ter uma marca pessoal forte.

- Priorize a área em que você tem mais aptidão e, uma vez tomada uma decisão, insista com seu chefe para lá permanecer por pelo menos dois anos.
- Durante esse período, aprofunde seus conhecimentos e comece a traçar a próxima meta. Seu maior poder de convencimento virá dos resultados que obtiver na nova empreitada.

3
Qual o "valor" de seus produtos/serviços?

O valor de qualquer coisa depende da importância que se dá a ela.
ANDRÉ GIDE

A maioria das pessoas precisa "vender seu peixe" no dia a dia. Seja para convencer um recrutador a contratá-lo, estimular o filho a estudar mais, persuadir um amigo a fazer um tratamento médico, motivar um subordinado a dedicar-se mais, arregimentar colegas de trabalho para um novo projeto, convencer o cônjuge a comprar um novo carro, provar aos pais que merece ter mais autonomia e assim por diante.

É muito importante ter em mente que negociação é uma troca e você precisará oferecer algo que a pessoa dê real importância.

Se for um profissional liberal (eletricista, artesão, arquiteto, professor particular, consultor), a "venda" é mais discreta. Sendo um profissional que trabalha em empresas, é ainda mais sutil. Se for um vendedor, a venda é direta e explícita. Seja qual for o seu caso, será preciso analisar o valor daquilo que proporá para, então, escolher uma estratégia coerente de convencimento, pois é ineficaz usar as mesmas técnicas para diferentes percepções.

O problema é que muita gente confunde preço com valor.

Preço é um número.
Valor é a importância que se dá a algo.

Vamos a alguns exemplos para mostrar essas diferenças.

Caso 16 – O apaixonado por Fuscas

Outro dia, um amigo comprou um Fusca 1970 por um preço de 50 mil reais.

Ele achou o preço de 50 mil reais justo, porque dava muito valor (importância) para um Fusca daquele ano e naquelas condições. No dia seguinte, ofereceram 60 mil reais e ele não vendeu, pois o ganho de 10 mil reais não tinha um valor tão grande como a posse e o usufruto do veículo. Ele disse que gastará mais dinheiro para comprar as peças originais faltantes e deixará o carro para o filho, que hoje tem 15 anos.

Eu não pagaria nada pelo mesmo carro, pois não dou o menor valor (importância, relevância). O rapaz de 15 anos (filho do meu amigo) disse que não vê a menor graça no Fusca, mas que ajudaria a cuidar dele, pois daqui a dez anos – quando o pai prometeu dar-lhe o carro – "venderei por um preço alto o suficiente para comprar um automóvel de verdade". Ou seja, um carro ao qual ele dê valor.

Caso 17 – A herança "inútil"

Outro amigo herdou do pai uma caixa com mais de trezentas iscas artificiais para pesca. Como sabe que gosto de pescar, ligou e perguntou se eu gostaria de comprar, já que aquilo só ocupava espaço e ele preferia guardar outras lembranças do pai. Eu perguntei por quanto ele venderia e ele me disse: "Sei lá, uns 500 reais pela caixa toda está bom?".

Fiquei curioso e fui dar uma olhada. O acervo era uma verdadeira preciosidade. Havia iscas de madeira de balsa da década de 1960 (quando as primeiras iscas artificiais eram feitas à mão) intactas. Iscas das décadas de 1970 e 1980, importadas e raríssimas, ainda na caixa, e as mais variadas peças produzidas recentemente. Disse a meu amigo que compraria cerca de cem iscas mais modernas por um preço de 1.500 reais (que é 30% abaixo do preço de mercado) para utilizá-las imediatamente.

Cada uma das iscas mais antigas pode ter um bom valor para colecionadores (não é o meu caso), e estimo que chegariam a pagar um preço entre 100 e 300 reais a unidade em um leilão pela internet. Ou seja, ele poderia alcançar um preço acima de 10 mil reais por todo o acervo, que antes pensava valer no máximo 500 reais.

O que para meu amigo era uma caixa cheia de bugigangas com anzóis pendurados tem um alto valor para os aficionados.

Conclusão: valor não é apenas o que eu considero, mas o que os outros percebem.

Infelizmente, pouca gente vai lhe dar importância se você não provar quanto realmente vale. A boa notícia é que podemos aumentar a percepção de valor daquilo que fazemos e, com isso, aumentar nosso preço.

O que aumenta o valor de seu produto ou serviço:

- Alta qualidade de seu produto ou serviço.
- Reconhecimento público.
- Boa reputação.
- Preço compatível com a lei de oferta e procura.
- Boa distribuição (estar disponível para compra).
- Propaganda eficiente.
- Ser raro ou exclusivo.
- Ter um grande público-alvo.
- Ter alta demanda.
- Ser superior à concorrência.

* * *

Preparei um teste para que você avalie, com máxima sinceridade, dez itens que têm relação com o potencial de valor. Se algum item não tiver relação com sua atividade, ignore-o, faça a soma e analise os resultados apenas do que marcar. Por exemplo, se apenas sete itens disserem respeito à sua atividade, considere apenas a soma desses e faça uma regra de três para analisar o resultado final. Se preferir fazer o teste pela internet, o site é www.genteque convence.com.

Vamos ao teste:

Teste 3 – Analise o "valor" de seus produtos/serviços

1. **Qual é a qualidade de seus produtos/serviços?**
   a. Ruim. Nem eu confio muito.
   b. Média. Não passo vergonha, mas não é uma "Brastemp".
   c. Boa. É superior à maioria do que há no mercado.
   d. Ótima. É o que há de melhor.

2. **Quão conhecidos são seus produtos/serviços?**
   a. Pouco conhecidos. Pouca gente sabe que existem, infelizmente.
   b. Razoavelmente conhecidos. Algumas pessoas conhecem.
   c. Bem conhecidos. Muita gente conhece.
   d. Extremamente conhecidos. Praticamente todos conhecem.

3. **Qual é a reputação de seus produtos/serviços?**
   a. Ruim. Muita gente fala mal.
   b. Média. Algumas pessoas elogiam.
   c. Boa. Muita gente gosta e elogia.
   d. Ótima. Quase todos gostam e elogiam.

4. **Como é o preço de seus produtos/serviços em relação ao mercado?**
   a. Pouco competitivo. Ainda custam muito caro.
   b. Medianamente competitivo. Estão na média de mercado.
   c. Competitivo. Perco poucos negócios devido ao preço.
   d. Muito competitivo. Não perco negócios em função do preço.

5. Como é a distribuição/acessibilidade de seus produtos/serviços?
   a. Ruim. Pouca gente tem acesso.
   b. Média. É razoável, mas precisa melhorar.
   c. Boa. A maioria que procura encontra.
   d. Ótima. A distribuição/acesso é impecável.

6. Como é a propaganda/divulgação de seus produtos/serviços?
   a. Ruim. Nem o "boca a boca" funciona direito.
   b. Média. É razoável e funciona mais por indicação.
   c. Boa. Tanto as indicações como a divulgação são boas.
   d. Ótima. É um dos pontos mais fortes!

7. Quão raros ou exclusivos são seus produtos/serviços?
   a. Pouco raros. Há muita coisa similar no mercado.
   b. Medianamente raros. É relativamente comum.
   c. Raros. Poucos têm algo parecido.
   d. Muito raros. Só eu tenho para oferecer.

8. Quais são as perspectivas com relação a seus produtos/serviços?
   a. Ruins. Não há perspectivas.
   b. Razoáveis. Tendem a melhorar, mas não tenho certeza.
   c. Boas. As perspectivas são cada vez melhores.
   d. Ótimas. Já são relevantes e tendem a melhorar ainda mais.

9. Qual é a procura, atualmente, de seus produtos/serviços?
   a. Pequena. Há pouca procura.
   b. Razoável. Há alguma procura.
   c. Boa. Há uma boa procura.
   d. Ótima. É tão grande que tenho dificuldade para atender todos.

QUAL O "VALOR" DE SEUS PRODUTOS/SERVIÇOS?

10. Como são seus produtos/serviços em relação à concorrência?
    a. Inferiores. Infelizmente, há muita coisa melhor.
    b. Parecidos. Não ficam devendo à maioria.
    c. Melhores. São superiores à maioria.
    d. Muito melhores. São incomparavelmente superiores.

    Potencial de valor
    Pontos por alternativas:

    a. 1 ponto

    b. 4 pontos

    c. 7 pontos

    d. 10 pontos

    Soma total _____

ANÁLISE DOS RESULTADOS:

10 a 30 pontos – Baixo valor

Seus produtos/serviços são percebidos, mesmo por você, como de baixo valor. Será preciso melhorar os itens que estejam diretamente ao seu alcance. Analise se é possível:

1. Melhorar a qualidade;
2. Melhorar a propaganda;
3. Deixar o preço mais competitivo;
4. Melhorar a distribuição;
5. Diferenciar-se da concorrência.

Você precisará transformar o valor, com urgência, ao menos para mediano. Isso trará a oportunidade de usar técnicas que verá no decorrer do livro para convencer as pessoas a lhe dar uma chance e experimentar o que você tem a oferecer.

Se não for possível alcançar, no mínimo, 40 pontos em até 120 dias, sugiro avaliar uma mudança de produto ou serviço e começar de novo.

31 a 60 pontos – Valor mediano

Seus produtos/serviços têm um valor percebido como mediano. Será importante melhorar itens que estejam ao seu alcance (qualidade, distribuição, propaganda, preço) para que a percepção de valor aumente e você estimule cada vez mais pessoas a usar o que você tem a oferecer. Sugiro que alcance pelo menos 70 pontos nos próximos 120 dias.

Usando algumas estratégias, será possível convencer as pessoas a testar seus produtos/serviços e melhorar seus resultados.

61 a 80 pontos – Alto valor

Seus produtos/serviços têm um alto valor e, nesse contexto, será mais fácil convencer cada vez mais pessoas a usá-los. Uma meta desafiadora seria alcançar 90 pontos nos próximos 120 dias.

Acima de 80 pontos – Altíssimo valor

Parabéns! Seu produto tem altíssimo valor e, em tal cenário, você apenas precisará explorar ao máximo o que já tem em mãos.

Uma vez preenchido o teste, é hora de analisar o que você pode fazer para melhorar a percepção de valor de seu produto ou serviço. Quanto mais alta a pontuação, mais fácil será definir uma estratégia de argumentação e convencimento.

Caso 18 – O palestrante frustrado

Wander foi executivo de grandes empresas, nos últimos vinte anos, e acaba de se aposentar, aos 62 anos, em perfeita forma física e mental. Possui um histórico profissional impecável, sempre alcançando todas as metas, sendo admirado por pares, chefes, subordinados, fornecedores e clientes. Com toda essa bagagem, resolveu começar uma carreira de palestrante, para compartilhar sua história de sucesso. Preparou um ótimo site, uma palestra com bom conteúdo, gravou depoimentos de antigos clientes, contratou uma assessoria de imprensa e montou um escritório de muito bom gosto.

Como assistiu a dezenas de palestras nos últimos anos, tinha certeza de que seria bem-sucedido ao concluir que seu currículo era muito melhor que o da maioria dos profissionais da área. Estipulou um preço inicial de 20 mil reais por palestra. Após três meses sem vender nada, baixou para 15 mil reais, depois 10 mil reais e continuou sem fechar um único negócio. "O que aconteceu?", perguntou ele, surpreso e desapontado.

Na prática, pouca gente reconhece Wander como palestrante. Seus amigos mais íntimos foram sinceros e avaliaram que seu desempenho de palco não empolgava e, mesmo eles, não pagariam para ouvir sua história de vida.

Minhas sugestões a Wander:

- Pela análise dos fatos, admita que seu produto/serviço (palestras) tem baixo potencial de valor.
- Seu rastro de vida, entretanto, é excelente e isso lhe oferece a possibilidade de analisar outras atividades profissionais que você domina melhor do que dar palestras.
- Migre para áreas em que tenha vasta experiência, como prestar consultorias em planejamento estratégico e gestão de pessoas, por exemplo.
- Comece cobrando um preço mais baixo para que várias pessoas conheçam seu novo trabalho. Seu valor será reconhecido e você conseguirá, aos poucos, aumentar seus ganhos.

Caso 19 – A vendedora arrependida

Suzana trabalhou por dez anos como revendedora de uma conhecida marca de cosméticos e sempre obteve ótimos resultados. Há cerca de um ano, foi convidada a mudar para uma empresa recém-chegada ao mercado nacional. Havia a promessa de trazer uma linha de produtos mais modernos, o investimento em propaganda seria muito grande, ela teria exclusividade na venda em uma área três vezes maior que a atual, sua comissão seria 30% maior e ela teria bônus dobrados se atingisse a meta anual.

O que parecia ser uma ótima oportunidade se transformou em um grande problema, pois a nova empresa apresenta vários pontos fracos: os produtos não agradam às antigas clientes, alguns deles saem de linha, mas permanecem no catálogo, a logística de entrega é irregular e os investimentos em propaganda estão abaixo do prometido.

Para resumir, Suzana recebeu, em um ano, metade dos valores que ganhava na antiga empresa.

Minhas sugestões a Suzana:

- Entenda que é normal novas empresas enfrentarem dificuldades nos primeiros meses e que o risco, nesses casos, é sempre maior.
- Visite pelo menos cinco outras revendedoras em sua cidade e descubra se suas dificuldades são parecidas com as delas.

- Antes de desistir, seria importante marcar uma reunião desse grupo (quanto mais gente melhor) com o gerente regional da marca para relatar tudo o que está ocorrendo e cobrar um posicionamento da empresa.
- Se as perspectivas não forem de melhora imediata, comece a procurar outras empresas, principalmente a que você trabalhava antes.
- Como você sempre foi uma profissional dedicada e bem-sucedida, a tendência será voltar a obter um ótimo desempenho com uma melhor linha de produtos.

Caso 20 – O professor fora de série

Luan tem 38 anos e dá aulas de tênis, há mais de vinte anos. Durante esse período, cursou uma faculdade de educação física e fez diversos treinamentos relacionados com sua área de atuação. Ele sempre fez muito sucesso entre os alunos, pois, além de ter ótima didática, corre em todas as bolas, não perde um minuto de aula e demonstra sincera preocupação em fazer mais do que o usual: sugere programas de condicionamento físico, indica nutricionistas para quem se encontra acima do peso, fisioterapeutas para quem se machuca e adapta suas aulas ao estilo de cada um.

Sua agenda está sempre lotada, pois as pessoas percebem seus diferenciais e aceitam pagar um preço maior por suas aulas. O problema é que, depois de mais de duas décadas, seu corpo está cobrando a conta: ele tem se machucado com mais frequência, impedindo-o de dar algumas aulas.

Em um desses períodos de recuperação, foi convidado para acompanhar um grupo de adolescentes em um torneio em outro estado e adorou a experiência de ser um "técnico" informal da meninada.

Luan sempre foi um professor de primeira linha, mas a idade está começando a pesar e ele precisa analisar os próximos passos em sua carreira.

Minhas sugestões a Luan:

- Comece a se preparar para ser um técnico de tênis e não apenas um professor.
- Proponha aos pais de alunos jovens (12 a 15 anos) e talentosos a participação dos filhos em campeonatos locais e, eventualmente, regionais, com sua orientação e acompanhamento.
- Organize viagens de "oficinas" de tênis com técnicos experientes em outros estados para entender os diferentes estilos de cada um.
- Leia, estude e participe de treinamentos de liderança para lidar melhor com a pressão por resultados e motivar seus pupilos.
- Aos poucos, desgaste-se menos fisicamente (dê menos aulas) e oriente mais: menos golpes e mais táticas de jogo e técnicas de controle emocional. Ou seja, use todo o seu alto potencial para agregar valor a seu novo "produto", aumente o preço e fature mais.

4

Como é seu desempenho profissional?

Sorte é o cálculo bem-feito. Azar é o erro de cálculo.
JUVENAL PEREIRA

Muitos leitores não comercializam produtos como fazem vendedores profissionais, nem prestam serviços como advogados, encanadores, jornalistas, tradutores ou freelancers. Entretanto, têm empregos fixos e também gostariam de melhorar suas habilidades de convencimento.

Por isso, desenvolvi o próximo teste para o público que segue carreira em empresas e o princípio é o mesmo dos anteriores: é necessário saber onde você está para, então, definir estratégias de convencimento, seja para obter um aumento de salário, uma promoção, mais reconhecimento, ou até um emprego melhor.

Quanto melhor o desempenho, maior será seu poder de convencimento. Se preferir fazer o teste pela internet, o site é www.gentequeconvence.com.

Teste 4 – Analise seu desempenho

1. **Como são seus conhecimentos técnicos na profissão ou nas atividades que exerce?**
   a. Ruins. Não me aprofundo em nada.
   b. Medianos. Conheço o básico.
   c. Bons. Tenho um bom conhecimento e domínio sobre minhas atividades.
   d. Ótimos. Conheço em profundidade todas as áreas nas quais atuo.

2. **Que resultados você gera em seu trabalho?**
   a. Baixos. Meu trabalho é frustrante e não estou rendendo bem.
   b. Na média. Poderia produzir mais.
   c. Bons. Costumam ficar um pouco acima da média.
   d. Ótimos. Costumam ficar muito acima da média.

3. **Como é sua pontualidade em geral (horários, trabalhos dentro do prazo, compromissos agendados)?**
   a. Ruim. Costumo me atrasar com frequência.
   b. Razoável. Cumpro o básico, mas deixo alguns furos.
   c. Boa. Costumo ser pontual.
   d. Ótima. Sou impecável quanto à pontualidade.

4. **Qual é a avaliação de seu trabalho atual?**
   a. Ruim. Sou muito criticado.
   b. Razoável. Não recebo muitas críticas nem elogios.
   c. Boa. Sou mais elogiado que criticado.
   d. Ótima. Sou muito elogiado.

5. Qual é a porcentagem de cumprimento de suas metas ou tarefas?

    a. Baixa. Abaixo de 50%.

    b. Média. Acima de 50% e abaixo de 80%.

    c. Alta. Acima de 80% e abaixo de 100%.

    d. Altíssima. Raramente fico abaixo de 100%.

6. Qual é o real interesse em atender bem os clientes (chefe, contratantes etc.)?

    a. Pequeno. Faço apenas o mínimo necessário.

    b. Médio. Procuro cumprir minhas obrigações básicas.

    c. Grande. Procuro atender as expectativas.

    d. Enorme. Procuro superar as expectativas.

7. O que seu chefe faria se você tivesse outra proposta?

    a. Nada. Acho que ficaria aliviado.

    b. Analisaria. Tenho dúvida se tentaria me manter.

    c. Ficaria preocupado. Tentaria me convencer a ficar.

    d. Uma proposta melhor. Não me perderia.

8. Como é sua remuneração?

    a. Ruim. Ganho pouco, mas acho que poderia ser pior.

    b. Razoável. Recebo na média do mercado para minha função.

    c. Boa. Recebo acima da média de mercado.

    d. Ótima. Mas ambiciono mais.

9. Como é seu domínio sobre novidades tecnológicas que contribuem para o trabalho?

    a. Ruim. Odeio tecnologia.

    b. Razoável. Sei o básico.

    c. Bom. Uso as ferramentas mais importantes.

    d. Ótimo. Domino tudo que faz a diferença em meu desempenho.

COMO É SEU DESEMPENHO PROFISSIONAL?

10. Quais são suas perspectivas profissionais para os próximos doze meses?
    a. Ruins. Há grande chance de ser demitido ou ficar sem trabalho.
    b. Neutras. Devo permanecer onde estou.
    c. Boas. Tenho boas chances de crescimento.
    d. Ótimas. Posso escolher entre várias opções muito boas.

Qual é seu desempenho – Resultados

Pontos por alternativas:

a. 1 ponto

b. 4 pontos

c. 7 pontos

d. 10 pontos

Soma total _____

ANÁLISE DOS RESULTADOS:

10 a 30 pontos – Baixo desempenho

Seu desempenho está em baixa. Portanto, é fundamental analisar cinco pontos:

- Algo alheio ao trabalho (doença, questões familiares, dívidas) está prejudicando seu desempenho? Se sim, procure corrigir seus problemas o mais breve possível.
- Algo em seu trabalho (chefe ruim, ambiente desagradável, tarefas incompatíveis com suas habilidades) está prejudicando seu desempenho? Se sim, converse abertamente com seu gestor sobre essas dificuldades, para diminuí-las.
- Seu cargo é compatível com sua formação e experiência? Se não for, analise o que fazer para que seja.
- Melhorar seu desempenho depende mais de você ou de outras pessoas? Se depender de você, faça o possível para melhorar; se depender de outros, abra o jogo com eles.
- Vale a pena se esforçar bastante para, no mínimo, atingir 50 pontos nos próximos meses? Se sim, arregace as mangas e recupere o tempo perdido.

Se analisar todas essas situações e concluir que já fez o possível para melhorar e não conseguiu quase nada, pense em tomar a iniciativa e mudar antes de ser demitido. Muitas vezes, a pessoa rende mais quando muda para um emprego ou função que lhe permite utilizar seu perfil estrutural a maior parte do tempo.

Entretanto, lembre-se do seguinte: seu "passe" vale mais enquanto você estiver empregado. Minha sugestão é de que você prepare seu currículo e comece, discretamente, a procurar melhores alternativas.

31 a 60 pontos – Desempenho mediano

Seu desempenho está na média da maioria dos profissionais. Certamente, você tem pontos de destaque – e neles está seu maior potencial de convencimento. Quanto maior a melhoria de seu desempenho, maior seu poder de convencimento. Então, pergunte-se:

- Em que posso melhorar?
- Que habilidades é preciso desenvolver?
- Como posso utilizar melhor meus pontos fortes?
- Qual é minha marca pessoal? Como aproveitá-la ao máximo?
- Quais são minhas perspectivas nesse emprego?

Sugiro que você procure sair da média e faça o possível para, no mínimo, alcançar 70 pontos nos próximos 120 dias.

61 a 80 pontos – Bom desempenho

Seu desempenho, certamente, está acima da média em seu ramo de atuação e, se caprichar ainda mais e chegar aos 90 pontos, irá se transformar em um profissional de altíssima performance. Será importante usar estratégias que está vendo no decorrer do livro para explicitar esse desempenho e aumentar seu poder de convencimento.

Acima de 80 pontos – Ótimo desempenho

Parabéns! Você é um fora de série quanto ao desempenho. Com esses resultados será relativamente fácil aumentar seu poder de convencimento.

A seguir, vamos descrever alguns casos para exemplificar os diferentes níveis de desempenho, bem como sugestões sobre como proceder em cada situação, encerrando com eles a etapa dos testes.

Caso 21 – O peixe fora d'água

Renan é arquiteto, recém-formado, foi ótimo aluno e, há um ano, trabalha em um escritório de design com outros dez arquitetos, além da equipe de suporte. Ele parece um peixe fora d'água, pois é um dos responsáveis pela captação de novos clientes e, até hoje, conseguiu poucos. Tem um perfil solitário, é introvertido e preferiria trabalhar fazendo projetos, seu ponto forte.

Entretanto, a empresa já tem quatro profissionais realizando essa tarefa e não há vaga no momento. Ele tentou conversar com o chefe a respeito de sua dificuldade para abordar estranhos, o que dificulta muito a captação de novos clientes. Seu superior afirma que ele é jovem e aprenderá com o tempo a fazer esse trabalho. Mais de 80% de sua remuneração é baseada em resultados e ele não está ganhando sequer para pagar suas despesas. O escritório tem boa reputação, as pessoas parecem gostar dele, mas Renan está no limite.

Minhas sugestões a Renan:

- Abra o jogo com o chefe e diga que a dificuldade para abordar desconhecidos não tem relação com a falta de experiência, mas com uma característica estrutural de personalidade.

- Peça uma chance em outra área para provar que seu desempenho melhorará radicalmente se trabalhar em uma função na qual possa usar seus talentos.
- Se ele se recusar ou insistir na manutenção da mesma função, procure outro emprego em uma área mais compatível com seu perfil.

Caso 22 – A ótima que virou média

Meg tem 32 anos e sempre trabalhou na área de marketing em empresas de médio e grande porte. Atualmente, comanda doze pessoas e, com as condições econômicas desfavoráveis e a perda de clientes importantes, terá de demitir metade do grupo. Ela sempre foi determinada, otimista e inspiradora; no entanto, está emocionalmente abalada com a pressão por resultados e, principalmente, com a necessidade das demissões.

Ela alega que a equipe já está sobrecarregada e que os cortes irão obrigá-la a interromper projetos importantes. O problema é que nos últimos doze meses a qualidade de seu trabalho, antes considerado excelente, piorou.

As últimas campanhas publicitárias não agradaram, alguns subordinados começaram a faltar com frequência e há muitos conflitos entre eles. Meg sabe que perdeu o controle da equipe e até sua competência como líder está sendo questionada.

Minhas sugestões a Meg:

- Tenha claro que sucesso no passado não garante o sucesso presente.

- Peça um feedback sincero de pelo menos duas pessoas de cada departamento sobre seu trabalho. É duro ouvir críticas, mas é muito pior ficar alienada.
- Faça uma análise realista de todas as sugestões e críticas.
- Se a decisão de cortar metade da equipe já foi determinada, respire fundo, analise quem pode contribuir mais, seja justa e faça os cortes. Adiar decisões difíceis não resolve os problemas.
- Argumente com seu chefe de que conseguirá trabalhar com uma equipe reduzida, e obterá bons resultados, mesmo em um contexto difícil. Em seguida, abra o coração com aqueles que permanecerem e proponha um pacto por resultados: o dobro de empenho, dedicação e boa vontade. Muitas vezes, uma crise obriga as pessoas a mostrar seu melhor desempenho.

Caso 23 – O competente que precisa se impor

Luis André administra a conta de grandes clientes de um fundo de investimentos. Seu desempenho sempre está acima da média e seus clientes estão satisfeitos, pois ele adapta seus produtos e serviços caso a caso. Procura entender cada personalidade e, por exemplo, não tenta transformar uma pessoa conservadora em arrojada e vice-versa. Para ele, uma boa carteira de investimentos é aquela que deixa o cliente confortável com os riscos envolvidos. Luís é confiável, está sempre disponível e funciona até como mentor informal de novos funcionários. Ele deseja, e já merece, ser sócio há alguns anos, mas até agora, nada.

Minhas sugestões a Luís André:

- Analise se realmente gostaria de ser sócio dessa empresa, pois sociedades são como casamentos. Os valores dos outros sócios são compatíveis com os seus?
- Se a resposta for sim, faça um balanço detalhado dos resultados que conquistou desde que entrou na empresa.
- Espere um contexto favorável: um trimestre de excelente resultado para a empresa, a conquista de clientes importantes ou um desempenho pessoal extraordinário.
- Peça uma reunião formal com os sócios e apresente em detalhes uma proposta para ser aceito na sociedade.
- Não se ofenda com os questionamentos, mantenha a calma, mas seja muito determinado ao dizer que espera uma definição para programar os próximos passos de sua carreira.

Caso 24 – A gerente insubstituível

Suelen é gerente de atendimento de uma empresa franqueadora. Ela treina os franqueados, tira dúvidas, ajuda a escolher um novo ponto, colabora com a seleção de funcionários, participa de feiras, orienta sobre o mix de produtos etc. Enfim, é a executiva com melhor desempenho em toda a rede.

Ela acaba de ser convidada para assumir um cargo de direção, inclusive com participação nos lucros da empresa. Entretanto, seus planos são outros: ela sabe quanto fatura cada franqueado e que os bons ganham, no mínimo, o dobro de sua nova remuneração.

Um antigo franqueado faleceu, seus filhos não querem tocar as três lojas do grupo, que não estão indo bem, e querem vender a empresa. Suelen tem apenas 30% do valor necessário, mas plena convicção de que terá mais sucesso se assumir as lojas. O problema é que os sócios contam muito com o seu trabalho e não querem perdê-la.

Minhas sugestões a Suelen:

- Afirme aos proprietários da franqueadora que seu sonho é se tornar empreendedora e essa é uma ótima oportunidade.
- Coloque-se à disposição para treinar e acompanhar um substituto por seis meses, após sua saída.
- Proponha pagar os 70% restantes em três ou quatro anos, dando as três lojas como garantia.
- Proponha fazer das lojas a melhor operação do grupo e usá-las como plataforma de treinamento para novos franqueados.

5

Qual é o seu lugar? Convença-se antes de tentar convencer alguém

*É difícil uma pessoa sentir-se confortável
sem ter a própria aprovação.*
Mark Twain

Preenchidos os testes, você já conhece com mais detalhes:

- Seu potencial de convencimento (Teste 1).
- Seu perfil de convencimento (Teste 2).
- O potencial valor de seus produtos e serviços (Teste 3).
- Seu desempenho atual (Teste 4).

Provavelmente, você já se deu conta de que para se tornar gente que convence precisará, antes de tudo:

- Melhorar seu potencial de convencimento, fazendo pequenos ajustes de conduta, a começar pelas situações menos difíceis.
- Assumir seu perfil de convencimento. Ele é estrutural, mudará pouco e, por isso, você precisará utilizar com máxima intensidade seus pontos fortes (80% do tempo) e minimizar seus pontos fracos (20% do tempo).
- Aumentar, dentro do possível e de seu alcance, o potencial de valor de seus produtos e serviços.
- Melhorar, no que for factível, seu desempenho atual.

Desses quatro itens, o que você pode aproveitar mais rapidamente é o item 2, o perfil de convencimento. Como visto, ter um perfil predominante mostra uma direção, um caminho a ser seguido para melhor convencer as pessoas. O problema é que muita gente, em vez de aprimorar e usufruir os pontos fortes de seu perfil, prefere mudá-lo e acaba se frustrando, pois não usa o próprio modelo e também não consegue construir outro.

Caso 25 – A marca positiva do solitário

Tadeu tem o perfil solitário em altíssima intensidade, ou seja, é tímido, prefere ouvir, evita eventos sociais, tem as próprias regras e funciona melhor trabalhando sozinho. Desde criança ouve conselhos, que muitas vezes soam como repreensões, para que seja mais sociável, mais falante e mais animado, como se isso fosse fácil. Parece que, para alguns, ser solitário é algum tipo de falha de caráter: "Será que ele se acha melhor que os outros para não conversar com ninguém?".

Não é nada disso. Tadeu será mais feliz se viver e trabalhar com pessoas que entendam seu estilo de ser. Portanto, não deve sofrer tentando parecer sociável e animado, mas procurar ser um pouco menos calado.

Ele precisa explicar, principalmente para os mais íntimos, que é apenas seu perfil, sua estrutura mental, seu jeito de ser, e que isso nada tem a ver com arrogância ou falta de humildade, muito pelo contrário.

Seu diferencial será tornar-se ainda mais concentrado, focado e produtivo, já que precisa de pouco contato social. Ele melhorará seu poder de convencimento, falando pouco e entregando muito. Essa deveria ser sua marca pessoal.

Caso 26 – A marca positiva do resolvedor

Camila tem o perfil resolvedor em altíssima intensidade: é estudiosa, organizada, termina o que começa e é exigente consigo. Desde pequenina sempre esteve entre os melhores alunos em todos os lugares onde estudou. Não se conformava se não resolvesse problemas, fosse mal em provas ou se não tivesse resposta para perguntas complicadas. Sempre ouviu da família, dos amigos e, agora, do chefe que precisaria relaxar mais, ser menos rigorosa e levar uma vida sem tantos desafios.

Acontece que ela gosta de ser assim e isso a faz diferente e especial! Se fosse Camila, investiria ainda mais na fama de "resolvedora", e insatisfeita com soluções simplistas. No entanto, aprenderia a recusar algumas demandas que sobrecarregam seu trabalho. Relaxar significaria perder o que ela tem de melhor. Ela aumentará muito seu poder de convencimento mostrando disciplina e determinação para resolver desafios. Essa deveria ser sua marca pessoal.

Caso 27 – A marca positiva do desafiador

Roger tem o perfil desafiador em altíssima intensidade, ou seja, é dominante, autoconfiante, ousado e, com frequência, diz o que pensa. Desde pequeno demonstrava liderança e iniciativa, mas também arrumava discussões e conflitos com colegas e até professores. Nunca teve medo de lutar por seus pontos de vista, incluindo ficar ao lado de pessoas mais frágeis.

Sempre foi repreendido por figuras de autoridade (pais, professores, parentes mais velhos) que ainda o criticam por ser muito mandão e impaciente. Os conselhos são para que ele seja mais tolerante, e menos agressivo.

Entretanto, sua franqueza, rapidez de raciocínio e honestidade intelectual fazem dele uma "força da natureza". Obviamente, ele precisará evitar ser mal-educado e ouvir o contraditório com respeito, pois objetividade nada tem a ver com grosseria.

Na prática, poucas empresas toleram pessoas tão impactantes. Logo, uma boa solução será trabalhar por conta própria ou prestando serviços para companhias ou pessoas – não precisam ser muitas – que valorizem gente como ele. Roger melhorará muito seu poder de convencimento se puder ser o "supersincero", ágil e competente. Essa deveria ser sua marca pessoal.

Caso 28 – A marca positiva do carismático

Catarina tem o perfil carismático em altíssima intensidade, ou seja, é criativa, sociável, otimista e tem jogo de cintura. Na infância, não gostava de estudar, passava de ano com dificuldade, mas era uma das mais populares de todas as turmas. Seus pais reclamavam que ela era "avoada" e desorganizada.

Seus colegas admiram seu carisma, mas criticam sua dificuldade para definir prioridades e de dar mais valor aos relacionamentos do que aos resultados. No entanto, sua criatividade, simpatia e otimismo fazem dela uma pessoa especial.

Ela precisa ser mais focada no cumprimento de suas metas e não improvisar tanto. Para produzir melhor, deveria atuar em funções que valorizam o bom relacionamento e o trabalho em equipe. Catarina melhorará muito seu poder de convencimento se puder ser reconhecida como a carismática que não enrola. Essa deveria ser sua marca pessoal.

Caso 29 – A marca positiva do mão na massa

Graciliano tem o perfil mão na massa em altíssima intensidade, ou seja, é trabalhador, tem boa resistência física e é prestativo. Na infância, sempre se destacou pelo esforço, desempenho atlético e dedicação às obrigações. Apesar de dar bons exemplos de conduta aos irmãos mais novos, era cobrado para se dedicar mais a atividades intelectuais, como leituras extras.

Estudar nunca esteve entre suas prioridades e, ainda hoje, ele sofre ao interpretar um manual ou conhecer a base teórica de um novo procedimento. Na verdade, ele deveria dedicar 10% do tempo para ler e estudar o que realmente vale a pena em suas atividades, mas sem o compromisso de se transformar em um especialista.

Ele melhorará muito seu poder de convencimento se puder ser reconhecido como o sujeito que trabalha duro e sempre entrega mais do que o esperado. Essa deveria ser sua marca pessoal.

Caso 30 – A marca positiva do perfil misto

Bernardo leu a descrição dos estilos e pensou: "Puxa, não tenho nenhuma dessas marcas em alta intensidade, mas sim uma mistura de três delas. Sou um pouco solitário, mão na massa e gosto de resolver problemas. Como agir? Tento fazer de tudo um pouco, como sempre, ou me especializo em algo?".

Na verdade, cerca de 20% das pessoas têm uma mistura de perfis, pois apresentam características de três ou quatro deles em intensidade moderada e, com isso, não demonstram um perfil claro.

Fazendo uma metáfora: a marca de um gavião é voar com muita velocidade; a marca de um pinguim é mergulhar com extrema habilidade; a marca do avestruz é a resistência para correr por longas distâncias; a marca do pavão é o andar gracioso.

Qual é a marca do pato? Ele anda, nada, corre e voa, mas não é especialista em nenhum desses atributos. "Então ele não tem uma marca?" Tem! Ele é flexível.

Se você tiver um perfil "pato", pode se adaptar bem a várias funções e essa pode ser sua marca pessoal, desde que entregue resultados relevantes. Apenas tome cuidado para não ficar com a fama de "quebra-galho". Se você tiver três perfis de convencimento, procure se aprimorar no que tenha mais facilidade e talento. Os demais podem servir como apoio ou complemento do principal.

Muitos podem perguntar: "Qual a diferença entre o flexível e o quebra-galho?".

O quebra-galho faz um pouco de tudo, mas não se destaca em nada. O flexível produtivo tem uma especialidade, uma função principal, uma profissão na qual é muito competente, mas se adapta, quando necessário, a mais atividades.

Um jogador de futebol quebra-galho joga como zagueiro, lateral, volante, atacante e até como goleiro, ou seja, não tem uma marca, uma posição na qual se destaca. Um jogador flexível tem uma posição principal – lateral direito, por exemplo, mas também pode atuar como armador em algumas situações de jogo.

Por isso, encontre um nicho, um lugar, uma profissão, um emprego que valorize alguém flexível, mas procure criar a marca de alguém com jogo de cintura, e supercompetente!

* * *

Esses casos ilustram situações de pessoas que podem melhorar significativamente seu poder de persuasão se tiverem uma marca pessoal respeitada. Por isso tenho insistido, e continuarei repetindo, que, para convencer, você precisa estar convencido.

6

Perseverança *versus* perda de tempo: quais os limites?

*Nunca desista de seu sonho. Se acabar em
uma padaria, procure em outra.*
APPARÍCIO TORELLY

A dúvida de muitos é: "Como saber se devo insistir em algo ou desistir e começar de novo?". Precisamos ser persistentes, dedicados, comprometidos e pacientes quando temos um bom processo em andamento. Isso vale para um relacionamento afetivo, aplicações financeiras, estudo, emprego, carreira e amizades.

Uma boa carreira costuma demorar pelo menos dez anos para dar resultados consistentes. Mesmo um bom relacionamento afetivo demanda tolerância com as diferenças alheias e precisa ser construído aos poucos. Não se consegue um ótimo emprego sem merecimento e, quando conquistado, precisa de manutenção diária para gerar bons frutos (promoção, aumento de salário, reconhecimento) no futuro.

No entanto, também há o outro lado da moeda: quantas vezes insistimos em apostas erradas para tentar recuperar o prejuízo? Por teimosia, medo de ficar sem nada ou vergonha de admitir o erro, às vezes mantemos posições equivocadas para tentar reverter uma tomada de decisão infeliz. Continuar investindo tempo, dinheiro e energia em situações das quais deveríamos desistir, piora o prejuízo.

Como essa é uma questão muito relevante e tem tudo a ver com seu poder de convencimento, resumirei quatro áreas em que os "sinais" indicam se vale a pena máxima dedicação para evolução e melhorias ou mudanças de rumo.

Muitas vezes, o problema não é o emprego, pois a pessoa está na carreira ou profissão errada. Outras vezes, a carreira é ótima, mas o emprego é ruim. Outras, ainda, a vida afetiva está interferindo nas demais áreas. Analisemos caso a caso.

Carreira

Sinais de que você está no caminho certo:

- Gosta do que faz.
- Há perspectivas de evolução nos próximos anos.
- Consegue usar seus talentos com frequência.
- Seus pontos fracos atrapalham pouco.
- Está motivado para continuar aprendendo.
- Há períodos ruins, mas sente-se realizado de forma geral.
- Aprecia os desafios atuais.
- Não se vê fazendo outra coisa.
- É uma boa referência profissional.
- Recebe novas propostas de trabalho pelo menos a cada dois anos.

Se reconhecer em si pelo menos seis dos dez itens, você está no caminho certo. Sua carreira é promissora e você deveria investir toda sua energia e seus recursos para que fique ainda melhor.

Sinais de que vale a pena analisar mudanças:

- Odeia o que faz.
- Há pouca perspectiva de evolução nos próximos anos.
- Usa pouco seus talentos.
- Seus pontos fracos atrapalham muito.
- Acha a profissão desagradável.
- Sente-se desmotivado a maior parte do tempo.
- Seu dia a dia profissional é monótono.
- Pensa, com frequência, em fazer outra coisa.
- Você não serve como referência profissional.
- Nunca recebe novas propostas de trabalho.

Se reconhecer em si pelo menos seis dos dez itens, você deveria repensar sua carreira. O que está errado? É uma fase ruim (conjuntura, economia fraca, cansaço, emprego ruim) ou um problema mais grave? É possível melhorar alguns desses itens?

Empate técnico

Pode ocorrer um grande dilema, se houver equilíbrio entre os prós e os contras. Nesse caso, sugiro que você concentre seus esforços na parte positiva e tente ajustar, dentro do possível, a parte negativa. Mudança de carreira é coisa séria e complexa, por isso você deveria fazer o máximo para ajustá-la antes de tomar uma drástica decisão de mudar.

Não existe carreira perfeita, pois sempre haverá dificuldades, fases ruins, decisões equivocadas e gente desagradável; mas também haverá fases ótimas, boas decisões, gente interessante e resultados positivos. Faz parte do jogo conviver com altos e baixos. Entretanto, tome cuidado com excesso de indecisão. É muito ruim ficar dividido por um tempo prolongado, pois a dúvida paralisa, trava a tomada de decisões e prejudica os resultados. Logo, não fique em cima do muro. Siga em frente com sua carreira e melhore um pouco a cada dia ou desenvolva um plano B para começar uma nova carreira, mais próxima de seus ideais.

***

Se você tem um emprego, vale a pena fazer a seguinte análise:

Emprego

Sinais de que vale a pena persistir:

- Empresa com boa reputação.
- Empresa com perspectivas de crescimento no médio/longo prazo.
- Empresa que proporcione aprendizado – formal (treinamentos) e informal.
- Empresa com bom ambiente de trabalho.
- Líderes minimamente coerentes.
- Remuneração compatível com a média de mercado.
- Oportunidades de promoção ou crescimento no médio prazo.

- Instalações físicas (salas, equipamentos, espaço) que proporcionem condições adequadas de trabalho.
- Empresa que se pauta pela cultura do mérito e tem regras claras.
- Distância razoável de sua residência (gasto máximo de duas horas para ir e voltar).

Se identificar pelo menos seis dos dez itens, você está no caminho certo. Vale a pena ser ainda mais determinado e comprometido. Também será importante analisar o que pode ser melhorado nos pontos menos favoráveis.

Sinais de que vale a pena analisar mudanças:

- Empresa com má reputação.
- Empresa com baixa perspectiva de crescimento.
- Empresa com baixo investimento em aprendizado.
- Empresa com ambiente ruim.
- Líderes incoerentes ou injustos.
- Remuneração abaixo da média de mercado.
- Poucas oportunidades de promoção ou crescimento no médio prazo.
- Instalações físicas inadequadas.
- Empresa desorganizada e sem regras claras.
- Muito distante de sua residência (gasto superior a duas horas para ir e voltar).

Se identificar pelo menos seis dos dez itens, provavelmente você está no caminho errado. É hora de analisar o mercado e começar a procurar uma melhor opção, enquanto ainda está empregado.

Empate técnico

Podem surgir dúvidas se houver equilíbrio entre os prós e os contras. Nesse caso, sugiro que você valorize a parte positiva do emprego e tente ajustar, naquilo que lhe cabe, a parte negativa.

Trocar de emprego é muito menos difícil do que trocar de carreira, mas não há emprego perfeito e mesmo uma boa empresa costuma ter problemas. Por outro lado, um emprego ruim deve ser repensado, pois não leva a lugar nenhum.

É mau negócio ficar dividido por muito tempo, pois a dúvida paralisa. A pessoa fica insegura, desligada e tende a demonstrar apatia. Por isso, não fique em cima do muro. Siga em frente com seu emprego, dando o melhor de si ou comece a procurar opções mais interessantes.

***

Se você for profissional liberal, empresário, prestador de serviços ou vendedor, vale a pena analisar como são seus produtos/serviços.

Produtos/Serviços

Sinais de que vale a pena persistir:

- São de boa qualidade.
- São razoavelmente conhecidos.
- Têm boa reputação.
- Os preços são competitivos.
- Têm boa distribuição e fácil disponibilidade.
- Têm boa assistência técnica.

- São bem aceitos no mercado.
- Têm um bom público interessado.
- Têm uma boa procura.
- Não devem nada à concorrência.

Se identificar pelo menos seis dos dez itens, provavelmente você está no caminho certo. Tem um bom "pacote" em mãos e vale a pena caprichar para que ele fique ainda melhor.

Sinais de que vale a pena analisar mudanças:

- São de baixa qualidade.
- São desconhecidos.
- Têm má reputação.
- Os preços não são competitivos.
- A distribuição é ruim ou pouco acessível.
- A assistência técnica é deficiente.
- Não são bem aceitos no mercado.
- Estão ultrapassados.
- Têm pouca procura.
- São muito inferiores à concorrência.

Se identificar pelo menos seis dos dez itens, você precisará analisar a possibilidade de trocar o que for possível. Insistir em produtos e serviços de baixa qualidade pode manchar sua reputação e diminuir seu poder de convencimento.

Empate técnico

Pode ocorrer um impasse se houver equilíbrio entre os prós e os contras. Nesse caso, sugiro que você concentre seus esforços para explorar os atributos positivos e tente melhorar a parte ruim, dentro do possível. Você deveria analisar muito bem as opções antes de tomar qualquer iniciativa, pois mudar de produtos ou serviços é desgastante e, muitas vezes, caro.

Nessa hora, a dor da perda pesa bastante, pois o profissional já investiu muito tempo e dinheiro na esperança de salvar o fruto de seu empenho. "Tantos anos de esforço, dedicação, treinamentos, viagens, visitas, e esse negócio continua dando prejuízo! Será que não valeria a pena insistir um pouco mais?"

Se você já tentou melhorar tudo que estava ao seu alcance, persistiu por muito tempo e os resultados continuam ruins, a resposta é: "Não, não vale a pena insistir". É doloroso obter um prejuízo financeiro e emocional tão grande, mas é melhor do que insistir no erro e continuar perdendo.

* * *

Relacionamento profissional (sociedade, parceria, prestação de serviços a terceiros)

Sinais de que você está no caminho certo:

- Você respeita o outro.
- Você é respeitado.
- Você consegue expor suas opiniões sem receio e vice-versa.
- Os conflitos são administráveis.
- Apesar de algumas desavenças, a parceria é produtiva.
- As habilidades de ambos se complementam.
- Há uma divisão equilibrada nas tarefas.

- Os valores éticos são compatíveis.
- A remuneração é justa para ambos.
- O negócio é economicamente viável.

Se identificar pelo menos seis dos dez itens, você está no caminho certo. Você participa de uma boa parceria e deveria investir toda sua energia para esse relacionamento ser ainda mais produtivo.

Sinais de que vale a pena analisar mudanças:

- Você não respeita o outro.
- Você não é respeitado.
- Você tem receio de expor suas opiniões e vice-versa.
- Os conflitos são cada vez piores.
- Você gostaria de encerrar a parceria.
- As habilidades de ambos não são complementares.
- Não há uma divisão equilibrada das tarefas.
- Os valores éticos são incompatíveis.
- A remuneração é injusta para um dos lados.
- O negócio não é economicamente viável.

Se identificar pelo menos seis dos dez itens, você precisará repensar a relação. Essa parceria é ruim para ambos os lados e, provavelmente, está causando prejuízos financeiros e emocionais. Raiva, desprezo, insatisfação, desrespeito e conflitos constantes são tão prejudiciais como a falta de dinheiro.

Tenha uma conversa séria com seu sócio ou parceiro e coloque todas as cartas na mesa: ou vocês ajustam, rapidamente, os conflitos mais graves ou será melhor se separarem.

Empate técnico

Pode ocorrer um impasse se houver equilíbrio entre os prós e os contras de manter a parceria. Nesse caso, sugiro que você valorize a parte positiva e abra o jogo para ajustar os pontos ruins. Vale a pena fazer o máximo esforço antes de tomar a decisão de romper a sociedade.

* * *

O último e mais delicado item a ser analisado tem a ver com seu relacionamento afetivo. Muita gente diz que separa perfeitamente a vida profissional da pessoal, e, na maioria das vezes, isso não é verdade. É difícil ser bem-sucedido profissionalmente se estiver com a situação pessoal ruim por muito tempo, e vice-versa. Em compensação, uma vida afetiva bem resolvida deixa a pessoa com a autoestima elevada e, portanto, mais segura de si, o que aumenta seu poder de convencimento.

Relacionamento afetivo

Sinais de que você está no caminho certo:

- Você respeita e/ou admira o outro.
- Você é respeitado e/ou admirado.
- Sente-se confortável na presença do outro.
- Vocês fazem muitas atividades juntos.
- Os filhos (se houver) são beneficiados com a convivência dos pais.
- Há fases ruins, mas a relação é harmoniosa a maior parte do tempo.

- Há atração física.
- Os valores éticos e religiosos são compatíveis.
- Há preocupação com o bem-estar do outro.
- Há vontade de melhorar a relação.

Se identificar pelo menos seis dos dez itens, você está no caminho certo. Valorize ao máximo a relação e lembre-se de que pessoas felizes são mais produtivas, mais tolerantes e mais resistentes às frustrações.

Sinais de que vale a pena analisar mudanças:

- Você não respeita o outro.
- Você não é respeitado.
- Sente-se desconfortável na presença do outro.
- Vocês não fazem quase nada juntos.
- Os filhos (se houver) estão sofrendo com as brigas constantes.
- Há fases boas, mas a convivência é ruim a maior parte do tempo.
- Não há atração física.
- Os valores éticos e religiosos são incompatíveis.
- Não há preocupação com o bem-estar do outro.
- Não há vontade de melhorar a relação.

Pessoas infelizes na vida afetiva costumam ter baixa autoestima, são mais inseguras e, com isso, demonstram um baixo poder de convencimento, inclusive com o cônjuge. Raiva, medo, desrespeito, tristeza e conflitos constantes são prejudiciais à saúde física e mental.

Muitas vezes, o relacionamento começa bem e vai se desgastando com a rotina, o excesso de trabalho, a falta de dinheiro, o pouco tempo disponível e as dificuldades do dia a dia. Tenha uma conversa séria com seu cônjuge para analisar mudanças na rotina, e se é possível reavaliar as prioridades em prol do casal.

Vale a pena tentar ao máximo retomar a harmonia. Se, ainda assim, não for possível, é melhor separarem-se antes que virem inimigos.

Empate técnico

Pode ocorrer um impasse se houver equilíbrio entre os prós e os contras. Nesse caso, sugiro que você valorize a parte positiva e converse abertamente sobre a parte negativa com seu cônjuge para promover ajustes. Terminar um relacionamento é uma decisão complexa, principalmente se afetar outras pessoas (filhos). Logo, é aconselhável fazer o possível antes de tomar a decisão de separar-se.

* * *

Para encerrar a primeira parte do livro, vamos a uma parábola.

Um pavão olhou para cima e observou uma cena rara: um urubu albino fêmea (estima-se que apenas um em cada dez mil urubus tenha as penas totalmente brancas) sobrevoava a chácara em que ele morava.

"Que ave afortunada pelo destino! Tem liberdade de voar para onde quiser, dorme onde estiver com vontade, convive com várias espécies diferentes, pode escolher o parceiro, come

PERSEVERANÇA *VERSUS* PERDA DE TEMPO: QUAIS OS LIMITES?

coisas diferentes todos os dias e é rara em sua espécie. Eu, por outro lado, não voo, durmo sempre no mesmo lugar, convivo apenas com patos e galinhas, não posso escolher uma parceira, como a mesma ração todos os dias e sou igual a todos os outros pavões. Como sou infeliz!"

O urubu fêmea, por sua vez, olhou para baixo e pensou: "Como aquele pavão é feliz! Tem residência fixa, dorme na mesma cama, convive com os amigos, tem uma parceira fixa, não precisa procurar comida e ainda é lindo e admirado! Eu sou muito feia, preciso disputar um lugar para dormir, como carniça, sou diferente de todos da minha espécie e assediada por um monte de urubus fedorentos. Como sou infeliz!".

Certo dia, depois de tanto se observarem, as aves resolveram bater um papo e desabafar sobre as agruras da vida.

— Além de tudo que lhe contei, sou feia demais — disse o urubu fêmea.

— Mas você voa e tem liberdade! — afirmou o pavão.

Depois de horas de discussão para decidir quem era o mais infeliz, tiveram uma ideia: gerar um filho, que certamente seria mais bem-sucedido do que eles.

Passadas algumas semanas, nasceu o bichinho:

Um peru, que é feio pra burro e não voa...

Na vida, há muito urubu tentando se tornar pavão e vice-versa. Esse tipo de atitude é uma perda de tempo, pois são animais com habilidades diferentes. Um urubu pode aprender a voar mais alto, mais rápido e planar por mais tempo, mas pintar as penas de azul e amarrar um espanador na cauda não o transformará em pavão.

O pavão pode aprender a comer coisas diferentes, cantar melhor e usufruir ainda mais sua beleza, mas não adiantará perder tempo com aulas de voo.

Portanto, usufrua o que a natureza lhe ofereceu. Invista tempo para autoconhecer-se, e aprimore o que for razoável e possível.

* * *

Com a parte 1 – "O autoconhecimento" – encerrada, você poderá aproveitar com mais facilidade o conteúdo da Parte 2 do livro, que virá a seguir: "Técnicas para convencer mais e melhor".

Parte 2

Técnicas para convencer mais e melhor

> *Há dois tipos de pessoas: as determinadas e as indeterminadas.*
> *As primeiras sabem aonde querem chegar.*
> *As outras nem sabem onde estão.*
> MARINA PECHLIVANIS

Agora que você conhece bem seus atributos, ficará muito mais fácil argumentar sobre eles. Na segunda parte do livro, você conhecerá técnicas que o ajudarão a potencializar seu poder de convencimento. Certamente, terá mais ou menos facilidade para utilizar algumas delas, dependendo de:

a. **Seu perfil de convencimento** – Solitários são mais concentrados, resolvedores gostam de criar soluções, desafiadores são autoconfiantes, carismáticos são bons de relacionamento e quem é mão na massa impõe respeito pelo exemplo.

b. **Valor de seus produtos e serviços** – Possuir algo com alto valor permite uma abordagem mais rápida e direta. Um valor mediano demanda uma argumentação mais elaborada, além de persistência.

c. Seu desempenho atual – Um ótimo desempenho dá autoridade e facilita a argumentação para seus pleitos. Um desempenho mediano demandará uma negociação com mais concessões de sua parte para alcançar os objetivos.

* * *

De qualquer maneira, você receberá técnicas complementares para melhorar seu poder de convencimento. Para isso, veremos mais oito capítulos e cada um deles abordará pontos-chave com subitens e casos para reforçar e exemplificar a teoria.

Em casos nos quais o convencimento é aplicado em uma situação simples ou corriqueira, como convencer o cônjuge a jantar em seu restaurante favorito, você utilizará apenas um ou dois pontos-chave.

Em contextos mais complexos e desafiadores, como uma entrevista de emprego, você provavelmente precisará utilizar os oito pontos-chave combinados. Vamos a eles.

7

Características *versus* benefícios: um descreve, o outro vende

> *Maldição do conhecimento é a dificuldade de imaginar como é, para o outro, não saber algo que você sabe.*
>
> Steven Pinker

Imagine que você entra em uma loja e pergunta sobre um laptop com bonito design e o vendedor o descreve da seguinte forma: "É uma máquina equipada com processador Intel® Core™ i5 dual core de 1,6 GHz (Turbo Boost de até 2,7 GHz), 3 MB de cache L3 compartilhado, 256 GB de armazenamento em flash com PCIe, 8 GB de memória LPDDR3 1.600 MHz integrada".

Entendeu alguma coisa? Provavelmente você teve dificuldade, pois o vendedor falou apenas sobre as características do produto, que são aspectos puramente técnicos (fórmula química, composição da embalagem, sistema operacional, metodologia de fabricação, teoria utilizada etc.), muitas vezes incompreensíveis aos leigos. Os benefícios são as soluções, as vantagens que o produto ou serviço proporciona a quem o utiliza.

Devemos transformar características em benefícios para convencer melhor. Um produto ou serviço tem várias características, mas utilizarei apenas um exemplo de cada para deixar a informação mais clara:

1. Um automóvel

Característica – "Torque de 35,7 kgf.m a 2.000 rpm." Traduzindo: 35,7 quilogramas-força por metro a 2 mil rotações por minuto. Ficou claro?

Provavelmente não, pois é um aspecto técnico que para a maioria das pessoas não tem significado óbvio.

Benefício – "Torque é uma medida de força do motor: quanto maior, melhor o carro responderá às acelerações. O torque de um carro com motor 1.0 é de cerca de 9 kgf.m. Isso significa que, se você estiver dirigindo o carro que oferecemos, atrás de um caminhão em uma estrada com pista simples, conseguirá ultrapassá-lo muito mais rapidamente e com maior segurança porque o torque é quase quatro vezes maior que o de um carro com motor 1.0, por exemplo."

2. Uma bebida energética

Característica – "150 mg de cafeína em uma lata de 250 ml."

Benefício – "Considerando que uma xícara de café expresso tem cerca de 100 mg de cafeína e uma lata de refrigerante, 40 mg, significa que você obterá mais energia com nosso energético do que com essas duas bebidas combinadas. Também ficará disposto e revigorado por mais tempo."

3. Um repelente contra insetos

Característica – "Fórmula com 25% de Icaridina."

Benefício – "O exclusivo princípio ativo de nosso produto permite uma proteção de até dez horas contra insetos sugadores (inclusive contra o mosquito da dengue), enquanto os outros produtos protegem por até seis horas. Com isso, você precisará reaplicar o produto apenas duas vezes ao dia."

4. Um sabonete líquido

Característica – "Fórmula com 2% de triclosano."

Benefício – "Nosso produto permite um efeito antisséptico de 99% contra bactérias, pois tem o dobro da concentração do princípio ativo triclosano dos outros produtos. Isso proporcionará uma proteção extra sempre que utilizá-lo."

5. Um livro sobre meditação

Característica – "Meditação *Mindfulness*" [atenção plena].

Benefício – "Essa modalidade proporciona diminuição significativa da ansiedade com apenas cinco minutos por dia de exercícios respiratórios e pode ser facilmente realizada por não iniciados na prática meditativa. Com isso, você não precisará estudar horas ou se tornar um praticante avançado para acalmar sua mente, diminuir seu estresse e sentir-se em paz."

6. Uma profissional liberal

Característica – "Sou muito resiliente."
Benefício – "Tenho alta tolerância a frustrações e, por isso, quase nunca me desmotivo ou me abalo com a pressão por resultados."

7. Um convite para a esposa

Característica – "Vamos passar o feriado em uma pousada no Pantanal?"
Benefícios – "Enquanto eu pesco, de manhã, você aproveita uma prainha fluvial, muito charmosa e segura, em frente à pousada. À tarde, podemos andar a cavalo, passear de barco, observar animais em seu habitat e, à noite, sempre há um luau romântico..."

Ficou mais claro? Provavelmente sim, pois as características, **que convencem pouco**, foram transformadas em benefícios, **que convencem muito**.

Na prática:

- Características **falam** sobre seu "peixe".
- Benefícios **vendem** seu "peixe".

Portanto, você precisará "traduzir" as características de seu produto ou serviço para transformá-las em benefícios, pois é isso que as pessoas querem e precisam.

CARACTERÍSTICAS *VERSUS* BENEFÍCIOS: UM DESCREVE, O OUTRO VENDE

Na dúvida, simplifique, já que muita gente tem vergonha de demonstrar sua ignorância e prefere calar-se, mesmo quando não entendeu algo. Uma regra básica é explicar como se estivesse falando com uma criança de 10 anos, deixando claro antes: "Falarei primeiro sobre o básico, e se estiver sendo chato, por favor, interrompa".

Esse tipo de abordagem não ofende e dá liberdade para a pessoa, caso entenda algo sobre o assunto, de apressá-lo ou pedir informações mais detalhadas. Portanto, comece com os benefícios mais simples e aprofunde o conteúdo e a complexidade aos poucos.

Caso 31 – Potência ou economia?

— Boa tarde, meu nome é Ronaldo, e o seu?

— Martins.

— Estou à sua disposição.

— Qual é o preço daquele carro branco?

— Preciso olhar a tabela, mas antes o senhor poderia fornecer algumas informações?

— Se for rápido, pois estou com pressa.

— Serei objetivo e as perguntas são muito importantes, pois temos mais de vinte opções de modelos de carros zero-quilômetro e cerca de quinhentos seminovos em nossas concessionárias. Se eu puder conhecer suas necessidades ganharemos um tempo enorme. Ok?

— Ok.

— Qual é a sua profissão?

— Bem, sou representante comercial de uma indústria de eletrodomésticos e, até a semana passada, atendia a região metropolitana de Curitiba. Fui promovido e atenderei todo o estado do Paraná.

— Descreva o uso de seu carro no dia a dia.

— Uso 90% do tempo para trabalhar e rodo cerca de 1.500 quilômetros por mês.

— Então, são distâncias curtas, raramente ultrapassando a velocidade de oitenta quilômetros por hora, correto?

— Exatamente. Entretanto, atenderei uma área muito maior que a atual e precisarei de um automóvel mais potente.

— O senhor gosta de correr na estrada?

— Não, é apenas uma questão de segurança. Um carro mais potente ultrapassa mais rápido.

— Qual é a potência de seu carro atual?

— Não sei direito, mas não é muito alta.

— Deixe-me ver... Motor 1.6, com 110 cv de potência, um torque de 15,7 kgfm para um peso de 1.235 kg.

— Isso é muito ou pouco?

— Para a cidade é ótimo, mas para a estrada pode faltar potência. O senhor já o dirigiu em estradas movimentadas e com pista simples?

— Já, e fico inseguro para fazer ultrapassagens.

— Só como comparação, em nosso modelo com motor 2.0, a potência sobe de 110 para 147 cv e o torque sobe de 15.7 para 22 kgfm.

— O que significa isso, na prática?

— Significa que o senhor terá uma potência 30% maior. O torque é o "arranque", ou seja, a força do motor para sair de uma velocidade baixa (abaixo de 30 km/h) para uma alta (acima de 80 km/h) mais rapidamente. Significa mais segurança para ultrapassar um caminhão, por exemplo.

CARACTERÍSTICAS *VERSUS* BENEFÍCIOS: UM DESCREVE, O OUTRO VENDE

— Falando assim, parece bom, mas quão rápido ele realmente é?

— Tenho uma sugestão: vamos sair agora com seu carro, pegar uma estrada e ultrapassar dois ou três caminhões, ok?

— Não seria melhor fazer isso com o carro novo?

— Faremos isso na sequência, para que o senhor tenha uma percepção prática do benefício de contar com um torque 30% maior. Vamos lá?

Eles fizeram o *test drive* nos dois carros e voltaram a conversar.

— O que achou, sr. Martins?

— É uma grande diferença! Para falar a verdade, estava achando que era conversa de vendedor. Nunca mais comprarei um carro com pouco torque para dirigir em estradas, pois a segurança de uma ultrapassagem mais rápida faz toda a diferença.

— Ok! Agora, descreverei os outros benefícios relacionados com a segurança, que é tão importante para o senhor. Pode ser?

— Pode.

O vendedor conquistou a confiança do cliente, pois primeiro transformou o jargão técnico (características) em argumentos de vendas (benefícios). Depois comprovou, na prática, tudo o que havia explicado, potencializando os efeitos positivos de um único benefício. Ele fará isso para mais dez benefícios importantes e terá uma grande possibilidade de fechar a venda.

8

Motivações de "compra": descubra o que as pessoas desejam/precisam

*A melhor regra para negociar é: ponha-se no lugar do outro,
pois ele fará o mesmo em relação a você.*

CHARLES DICKENS

Para melhorar ainda mais o impacto dos benefícios é preciso saber o principal motivador de seu interlocutor. Aqui, adaptei a teoria de Abraham Maslow sobre as necessidades humanas para explicar a importância de conhecer essas motivações para melhor convencer as pessoas. Em meu livro *Negocie qualquer coisa com qualquer pessoa* esse assunto é explicado de forma mais ampla, para quem quiser se aprofundar no tema.

É importante ressaltar que temos os cinco motivadores de compra, mas em diferentes intensidades, e que podem mudar conforme o contexto. Outro problema é que, muitas vezes, as pessoas dizem uma coisa e, na verdade, querem outra. Por isso, será importante averiguar o que realmente motiva seu interlocutor.

Analisemos os cinco motivadores:

1. Obter lucros

Temos essa motivação quando estamos dispostos a correr riscos para ganhar mais. Quando esse fator é o mais importante, não ligamos para o status, para a beleza ou para a comodidade, desde que haja uma chance, mesmo que pequena, de lucrar.

A maioria das pessoas apresenta esse motivador em poucas situações, e ocorre principalmente quando a "tentação" de lucrar é irresistível, como por exemplo encontrar um imóvel tão barato que o comprador se endivida na esperança de vendê-lo e obter um bom lucro mais adiante, ainda que não seja um investidor experiente.

Há, no entanto, indivíduos com essa motivação muito intensa, a ponto de fazer parte da sua estrutura de personalidade, ou seja, é um fator que predomina na tomada de decisões de seu cotidiano. Essa pessoa, normalmente, não se preocupa em disfarçar os objetivos e costuma afirmar: "Só me procure se for para oferecer um negócio lucrativo".

Algumas características de quem sofre influência desta motivação:

- Foca benefícios financeiros em detrimento dos demais.
- Pede descontos o tempo todo.
- É extremamente competitivo.

MOTIVAÇÕES DE "COMPRA": DESCUBRA O QUE AS PÉSSOAS DESEJAM/PRECISAM

- Não teme correr riscos para ganhar mais.
- Costuma ser egoísta.

Para convencer gente assim, você precisará:

- Mostrar, numericamente, os benefícios financeiros que ele obterá.
- Oferecer descontos progressivos – quanto mais compra, mais ele ganha.
- Demonstrar que o negócio ficou melhor para ele do que para você.
- Mostrar que ele ganhou mais do que outras pessoas.
- Oferecer oportunidades de risco, mas com alta rentabilidade.

Não perca tempo falando sobre segurança, praticidade ou prazer pessoal, pois isso não interessa a quem age por essa motivação.

2. Evitar perdas

Eis o motivador universal mais comum. Isso significa que a maioria das pessoas tem mais medo de perder do que coragem de arriscar para, eventualmente, ganhar mais.

Quando agimos pensando em evitar perdas, somos mais conservadores, temermos o desconhecido, preferimos soluções a que estamos acostumados, tendemos a ser desconfiados e, na dúvida, ficamos exatamente onde estamos. Há pessoas estruturalmente assim e essa característica define boa parte de suas decisões diárias.

Algumas características de quem sofre influência desta motivação:

- Quase nunca se endivida, por medo de não conseguir pagar.
- Fica por anos no mesmo emprego, muito mais pela segurança do que pela remuneração ou autorrealização.
- Prefere investimentos conservadores.
- Odeia correr riscos e é bastante desconfiado.
- Costuma ser econômico, mesmo que possua um bom patrimônio.

Para convencer gente assim, você precisará:

- Conquistar a confiança, ainda que demore.
- Não pressionar por respostas rápidas.
- Oferecer garantias, se possível por escrito (contratos).
- Oferecer produtos ou serviços de baixíssimo risco.
- Dar alternativa de desistência, caso não fique satisfeito com o que você oferecer.

Não perca tempo falando sobre lucros, investimentos de longo prazo, prazer pessoal ou aprovação social, pois isso amedronta e afasta quem age por essa motivação.

3. Evitar dor

Quando agimos pensando em evitar dor, estamos com pouca tolerância para conversar, procuramos atalhos e evitamos incômodos.

Há pessoas estruturalmente condicionadas a atuar dentro desse modelo e isso determina muitas das decisões que tomará em seu dia a dia. Elas costumam ser impacientes, práticas e fogem de propostas muito complexas. Isso pode parecer sinal de preguiça para alguns, mas, na verdade, é uma busca constante pela simplicidade.

Algumas características de quem sofre influência desta motivação:

- Procura a praticidade em detrimento do lucro.
- Prefere propostas simples e diretas.
- Não tem paciência para ouvir longas explicações.
- Prefere pacotes completos (produto + instalação + assistência técnica).
- Detesta processos burocráticos.

Para convencer gente assim, você precisará:

- Priorizar a praticidade.
- Ser direto.
- Levar propostas "mastigadas".
- Resolver a parte burocrática.
- Ser rápido e, principalmente, poupá-lo de incômodos.

Não perca tempo falando de assuntos banais para quebrar o gelo, não reclame das dificuldades (ele não tem nada a ver com isso) e procure deixar claro que você é tão prático quanto ele.

4. Satisfação pessoal

Quando agimos pensando em obter satisfação pessoal, queremos o prazer de consumir ou ter algo que desejamos.

Há pessoas estruturalmente condicionadas a agir dentro desse modelo mental, o que definirá muitas de suas decisões. Elas costumam ter o foco no presente, preferem consumir já e não dão muita importância à opinião alheia. A satisfação pessoal também tem uma carga de altruísmo, quando o indivíduo sente prazer em ajudar outras pessoas.

Algumas características de quem sofre influência desta motivação:

- Prefere comprar de vendedores com bom conhecimento técnico.
- É exigente e costuma conhecer o que consome.
- Evita se exibir.
- Dá mais valor ao prazer do que ao lucro.
- Não economiza para satisfazer seus desejos.

Para convencer gente assim, você precisará:

- Conhecer profundamente o que está oferecendo.
- Fazer propostas detalhadas.
- Argumentar sobre as sensações que seu produto ou serviço proporcionam.
- Ter o produto disponível, na hora.
- Fazer a instalação imediatamente.

Não perca tempo falando sobre lucro, economia ou utilização no longo prazo, pois esse tipo de argumentação tira o foco do presente imediato.

5. Aprovação social

Quando agimos pensando em obter aprovação social, queremos ser admirados, reconhecidos e até invejados.

Há pessoas estruturalmente condicionadas a agir de acordo com esse modelo mental, o que definirá muitas de suas tomadas de decisão. Elas costumam dar muito valor ao que as outras pessoas pensam a seu respeito e ser socialmente aceitas é uma preocupação constante.

Muitas vezes, deixam de pedir descontos ou de discordar de pessoas influentes, por achar que essas atitudes podem prejudicar seu conceito com elas. Quando esse motivador é muito intenso, tendem a gastar mais do que ganham para manter uma imagem de sucesso perante seus conhecidos.

Algumas características de quem sofre influência desta motivação:

- Dá muita importância à opinião alheia.
- Gosta de estar no centro das atenções.
- Exibe sinais exteriores de sucesso.
- Prefere consumir produtos de grife.
- Dá mais valor ao cargo do que à remuneração.

Para convencer gente assim, você precisará:

- Lembrar-se de sua necessidade de reconhecimento.
- Oferecer produtos ou serviços conhecidos.
- Enaltecer seu bom gosto.
- Mostrar o quanto ele será admirado por utilizar o que você proporciona.
- Dar o máximo de publicidade (divulgar a compra em mídias sociais). Falar sobre as pessoas importantes que você atende ou já atendeu.

Não perca tempo falando sobre investimentos, detalhes técnicos ou riscos, pois esse tipo de argumentação tira o foco da necessidade de ser reconhecido e elogiado.

***

A complexidade do assunto aumenta quando a pessoa tem esses cinco motivadores em média intensidade, ou seja, quando quer um pouco de tudo. Significa que poderá, no mesmo dia, comprar um carro para obter lucros (para revender em algumas semanas), um seguro para evitar perdas (proteger-se contra o prejuízo de um roubo ou acidente), um serviço de *valet* em um shopping para evitar dor (não se incomodar procurando vaga no estacionamento lotado), uma raquete de tênis para sentir prazer e uma roupa para obter aprovação social em uma festa no fim de semana.

Também podem ocorrer mudanças em função do contexto. Exemplos: um indivíduo cuja motivação estrutural é aprovação social ao perder o emprego pode mudar, enquanto durar a situação, para evitar perdas; alguém cuja motivação estrutural é obter lucro debaixo de intenso estresse (doença, separação conjugal, grande insatisfação profissional) pode mudar, por algumas semanas, para evitar dor.

Com o passar do tempo, a tendência será voltar ao motivador estrutural mais intenso. Por isso, é preciso ficar muito atento para identificar o principal motivador da pessoa, o que não é tão simples, pois, muitas vezes, o discurso é diferente da prática.

Vamos a alguns casos:

Caso 32 – Mensagem confusa

Discurso – Um palestrante diz para um grupo de clientes: "Meu maior objetivo ao ser palestrante é ajudar as pessoas a ser mais felizes".

Sinaliza satisfação pessoal.

Consequências – Se esse discurso for muito enfático, ele receberá vários convites para palestrar de graça, já que seu objetivo indica altruísmo e o lucro parece ficar em segundo ou terceiro plano, uma vez que não foi mencionado.

Motivação real – "Até gosto de ajudar as pessoas, mas, no atual contexto, preciso obter uma boa remuneração com as palestras."

Na verdade, sua motivação é obter lucros.

Argumentação correta para melhor convencer – "Minhas palestras ensinam uma metodologia para orientar as pessoas a ser mais bem-sucedidas e, para isso, cobro um preço que vale cada centavo."

Caso 33 – Falsa segurança

Discurso – O gerente diz para o proprietário de uma empresa em dificuldades financeiras: "Apesar das dificuldades da empresa, tenho feito um ótimo trabalho e acho que mereço um aumento".

Sinaliza obter lucros.

Consequências – O chefe pode achar que o subordinado está alheio às dificuldades da empresa ou está querendo demonstrar uma falsa segurança. O tiro pode sair pela culatra.

Motivação real – "Meu salário está abaixo do que mereço, mas a empresa está cortando gastos e estou com muito medo de ser demitido."

Na verdade, o motivador é evitar perdas.

Argumentação correta para convencer melhor – "Chefe, sei que a situação é muito difícil e que a empresa está cortando despesas. Gostaria de dizer que, além de dar o meu melhor, contribuirei com uma diminuição de 20% do orçamento de meu departamento e ainda alcançarei todas as metas estipuladas."

Caso 34 – Nem criança acredita

Discurso – O pai diz ao filho de 9 anos: "Gosto de participar dos eventos sociais em sua escola, mas não irei na festa junina, pois preciso entregar alguns relatórios".

Sinaliza satisfação pessoal.

Consequências – O filho percebe que o pai não gosta de ir aos eventos e que, inclusive, falta a quase todos. Ele corre o risco de passar por mentiroso e perder a credibilidade por um tema insignificante.

Motivação real – "Sinceramente, acho esses eventos uma chatice, mas, como os nossos conhecidos comparecem, sinto-me na obrigação de ir para não magoar meu filho. O problema é que eu realmente preciso terminar um relatório importante durante o fim de semana."

Na verdade, o motivador é evitar dor.

Argumentação correta para convencer melhor – "Filho, você sabe que eu não tenho muita paciência para eventos sociais e nesse dia específico precisarei trabalhar. Que tal o papai ficar meia hora com você na festa da escola e, em seguida, almoçarmos em seu restaurante preferido?"

Caso 35 – Mentirinha envergonhada

Discurso – O rapaz diz para a namorada: "Será melhor passarmos as férias aqui por perto, pois estou muito cansado e preciso relaxar".

Sinaliza evitar dor.

Consequências – A namorada pode pensar que ele está com preguiça de viajar e ficar magoada.

Motivação real – "Tenho vergonha de admitir que passo por dificuldades financeiras e que será muito mais barato ficar em casa."

Na verdade, o motivador é evitar perdas.

Argumentação correta para convencer melhor – "Querida, sinto vergonha em admitir, mas, nos últimos seis meses, as vendas foram péssimas e praticamente não receberei as comissões que esperava. Que tal ficarmos na cidade e programarmos, com calma, férias mais caprichadas no próximo verão?"

Caso 36 – Tentando agradar

Discurso – O diretor executivo diz para o conselho de administração, composto por oito pessoas: "Gostaria que todos os participantes desta reunião opinassem sobre o novo projeto".

Sinaliza aprovação social.

Consequências – Todos sentirão obrigação de opinar, mesmo não possuindo expertise no projeto em questão. A reunião será mais longa e os conselheiros que dominam o assunto terão menos tempo para debatê-lo com profundidade. Com isso, ela será superficial e pouco produtiva.

Motivação real – "Quero, sinceramente, a opinião apenas dos dois participantes especialistas no assunto, para melhorar o projeto e torná-lo mais rentável. Ouvirei os demais por educação."

Na verdade, o motivador é obter lucros.

Argumentação correta para convencer melhor – "Explicarei o novo projeto em linhas gerais e responderei todas as perguntas. Após a reunião, gostaria de conversar pessoalmente com quem tiver sugestões e críticas a fazer." No intervalo do cafezinho, ele poderá reforçar o convite aos dois especialistas, que certamente aceitarão fazer comentários.

Caso 37 – O pescador folgado

Discurso – Um empresário diz para seu sócio: "Pretendo acompanhar nossos principais clientes em uma pescaria de cinco dias para conhecê-los melhor e fechar mais negócios".

Sinaliza obter lucros.

Consequências – O sócio pensará que ele está querendo tirar férias remuneradas pela empresa e, quase certamente, discordará.

Motivação real – "Será uma ótima oportunidade para diminuir o estresse do cotidiano e, eventualmente, fazer alguns negócios. A vantagem é que, durante a pescaria, o clima fica mais cordial e as pessoas, mais flexíveis."

Na verdade, o motivador é satisfação pessoal.

Argumentação correta para convencer melhor – "Caro sócio, tenho a oportunidade de participar de uma pescaria com dez clientes importantes. Será uma ótima chance para estreitar laços e, talvez, deixar alguns negócios engatilhados para o futuro. Como adoro pescar, pagarei todas as minhas despesas. O que você acha?"

Caso 38 – Tentando disfarçar

Discurso – Um empresário diz para colegas da associação de classe: "Faço questão de organizar eventos beneficentes, pois me preocupo em melhorar a vida dos mais necessitados".

Sinaliza satisfação pessoal.

Consequências – Corre o risco de fazer papel de bobo, pois os colegas conhecem sua necessidade de ser publicamente admirado.

Motivação real – "Na realidade, faço muitos eventos para que as pessoas tenham uma boa impressão a meu respeito".

Na verdade, o motivador é aprovação social.

Argumentação correta – "Caros colegas, vocês sabem que tenho duas características marcantes: a boa é que gosto de ajudar as pessoas, a ruim é que sinto um tremendo orgulho ao fazê-lo. Quem poderia contribuir com vinte cestas básicas para a próxima campanha de doação?"

Caso 39 – Tirando o corpo fora

Discurso – O gerente diz para um subordinado: "Seu projeto é bom, mas muito complexo e caro. Faça algo mais simples".
Sinaliza evitar dor.

Consequências – O subordinado pensará que o chefe está desinteressado ou com preguiça de estudar o projeto a fundo. Provavelmente, ficará desmotivado e evitará novas iniciativas trabalhosas como essa.

Motivação real – "Tenho medo de bancar o projeto, por ser arriscado. Se der algo errado, serei responsabilizado."
Na verdade, o motivador é evitar perdas.

Argumentação correta – "Seu projeto é interessante, mas muito arriscado e a responsabilidade, se houver algum problema, é minha. Por favor, faça o projeto e o orçamento em cinco etapas para avaliarmos melhor os riscos e a viabilidade econômica, ok?"

9

Quebre a barreira invisível

*As coisas em comum fazem os relacionamentos agradáveis,
as diferenças os tornam interessantes.*
TODD RUTHMAN

Para convencer você precisará, muitas vezes, quebrar uma barreira invisível – como se fosse uma parede de vidro (as pessoas se veem, mas não interagem de verdade) que varia de alguns centímetros a metros de espessura. Essa barreira chama-se desconfiança e quanto mais espessa, pior será o processo de comunicação.

Decerto, nossos ancestrais não eram simpáticos e calorosos com os estranhos, muito pelo contrário. Sobreviver era uma luta diária e evidências arqueológicas indicam que aconteciam batalhas violentas na disputa pelos melhores pontos de caça e abrigo, o que ocorreu por centenas de gerações até chegarmos à relativa boa convivência atual.

Os desconfiados e arredios viviam mais e passavam à frente seus genes.

Logo, a maioria de nós é geneticamente programada para desconfiar da intenção de estranhos – e até de conhecidos. Portanto, você precisa romper essa barreira, quebrar a parede de vidro, tirar a pessoa da defensiva, permitir que ela relaxe e interaja com uma relação franca e amistosa.

Há alguns fatores que aumentam a barreira e, induzem a pessoa a permanecer na defensiva, omitir informações ou manter uma falsa amabilidade.

Analisemos algumas situações:

Caso 40 – Relação vendedor/cliente

Situação – Um cliente entra no plantão de vendas de uma imobiliária e é recebido por uma corretora. Ele está procurando um apartamento novo para comprar, mas, como não tem pressa e há muitas opções, pretende apenas ver o imóvel mobiliado, saber o preço e ir embora para continuar avaliando mais opções.

Barreira inicial do cliente – "Essa corretora está na minha frente para vender e certamente falará qualquer coisa para tirar o pedido. Preciso me manter na defensiva, sonegar informações e descobrir o quanto ela está disposta a conceder de descontos."

Barreira inicial da corretora – "Esse cliente está mal-humorado, com pressa e não parece disposto a comprar nada. Se ele me pressionar, não perderei meu tempo. Simplesmente darei o preço de tabela e o prospecto do prédio."

Consequências – A barreira invisível parece ter dois metros de espessura e, diante da dificuldade, a corretora aparenta desistir do cliente, que também não se impressionou com ela.

Postura correta para romper a barreira – A iniciativa e um maior esforço devem partir da corretora.

— Bom dia, meu nome é Carla. Qual é o seu?
— Pedro.
— Como posso ajudá-lo?
— Estava passando e vi que estão mostrando apartamentos decorados. O problema é que estou com muita pressa. Qual é o preço do metro quadrado?
— Entendo. Atualmente, as pessoas têm pouquíssimo tempo e eu serei muito objetiva para não atrapalhar sua agenda. Para isso, preciso conhecê-lo um pouco melhor para oferecer o produto mais adequado.
— Como assim, produto adequado? Só quero saber o preço e olhar um apartamento, mais nada.
— Temos quatro torres, cinco apartamentos diferentes neste endereço, e mais de duzentos disponíveis em outros locais. Percebo que o senhor é muito ocupado e já deve ter perdido um tempão olhando apartamentos que nada têm a ver com suas necessidades, certo?
— Como você sabe?
— Eu acabo ficando amiga dos clientes, até daqueles que não compram, e eles me contam que quase todos os corretores falam demais, mostram muitos apartamentos e os deixam ainda mais em dúvida. Querem o preço de um, a sala de outro, a localização de um terceiro, a área de lazer do quarto e assim por diante.
— É a mais pura verdade. O que você faz de diferente desses corretores que nos deixam confusos?
— Primeiro, eu conheço o cliente, seu estilo de vida, suas necessidades, como é sua família, seus hobbies, sua profissão e, só então, seleciono um ou, no máximo, dois apartamentos

compatíveis com suas exigências e necessidades. O que parece perda de tempo é, na verdade, um enorme investimento. O senhor investe quinze minutos contando um pouco de sua vida e eu economizo quinze horas de seu tempo, evitando visitas cansativas e desnecessárias.

— Você me convenceu! Darei, a contar de agora, quinze minutos para você conhecer minhas prioridades.

— Pode cronometrar. (*risos*)

Com essa postura, a corretora quebrou a resistência inicial do cliente e fará o máximo para manter uma relação pessoa/pessoa e não vendedor/cliente durante toda a entrevista. A grande vantagem é que ela está sendo sincera, pois poupará o tempo do cliente e o dela.

Caso 41 – Relação mãe/filha

Situação – A filha de 19 anos está sendo pressionada pelo namorado, com quem se relaciona há um ano, a se casarem. Ela gosta do rapaz que é só um ano mais velho, apenas estuda e dependeria dos pais para bancar as despesas. A moça gostaria de ouvir os conselhos da mãe, só que a relação das duas está desgastada e distante.

Barreira inicial da filha – "Estou com medo de assumir um compromisso tão sério, embora tema decepcioná-lo se não aceitar o casamento. Gostaria de saber a opinião da minha mãe, mas nosso relacionamento está muito ruim nos últimos meses, e acho que não há clima para uma conversa amigável."

Barreira inicial da mãe – "Percebo que minha filha está estressada e parece estar escondendo algo. Tento pressioná-la de todas as formas para que ela me conte o que está ocorrendo, mas quanto mais insisto, mais distante ela fica."

Consequência – A barreira invisível aumenta cada vez mais entre as duas.

Postura correta para romper a barreira – A iniciativa de uma estratégia diferente deveria partir da mãe, que é mais madura e experiente. Não é questão que uma abordagem "técnica" resolva, pois envolve aspectos emocionais mais delicados e tudo que parecer artificial aumenta a falta de confiança. Nesses casos, seguir a intuição e abrir o coração é a conduta com mais chances de sucesso.

— Filha, desculpe-me por pressioná-la tanto a me contar sobre sua vida íntima.

— Obrigada, mãe. É que, agora, eu gostaria de ficar sozinha.

— Posso só contar uma história de quando eu tinha sua idade e que você não conhece?

— Pode... *(com expressão de surpresa)*

— Quando tinha por volta de 16 anos, desobedeci meus pais e fui a uma festa na chácara de um pessoal mais velho, que tinha má fama. Estava com uma amiga quando dois rapazes bêbados tentaram nos beijar, à força. Fomos salvas por um amigo, no último instante. Seus avós perceberam que, além da desobediência, algo desagradável havia acontecido e, por mais desapontados que estivessem, compreenderam meu desconforto e só perguntaram se eu gostaria de lhes contar o ocorrido. Pensei que ia levar uma tremenda bronca, mas eles disseram que evitariam me tratar como criança, tentariam confiar mais em meus julgamentos e que eu teria de aprender com minhas decisões, inclusive assumir responsabilidades que ainda não tinha. Contei tudo e prometi a mim mesma que confiaria mais neles dali em diante. Lembrando da história, concluí que tenho tratado uma mulher de quase 20 anos como adolescente e, por isso, peço-lhe desculpas. Tentarei ser menos invasiva e ansiosa. Todos cometem erros, minha filha. Se algum dia você precisar desabafar sobre qualquer assunto, conte comigo!

— Acho que preciso de sua opinião, mãe, mas eu não fiz nada de errado! (*risos*)

Ao abrir o coração, a mãe quebrou a resistência da filha, pois agiu como uma pessoa conversando com outra, mostrando-se acessível e evitando qualquer julgamento prévio.

Caso 42 – Relação chefe/subordinado

Situação – Moacir, gerente de uma empresa, notou que Júlio, seu subordinado mais competente, teve uma piora considerável no desempenho nos últimos dois meses. Moacir é um líder justo, mas com fama de durão. Ele não tem ideia que Júlio se endividou para bancar a compra de uma pequena propriedade rural, que mais tarde descobriu estar com os documentos adulterados. Conclusão: perdeu tudo o que tinha, contraiu uma dívida, ficou sem a propriedade e ainda está sendo acusado de fraude.

Barreira inicial do subordinado – "Estou emocionalmente arrasado, pois perdi todo patrimônio que economizei em quinze anos de trabalho e ainda estou sendo investigado por fraude. Isso está afetando meu desempenho na empresa e não tenho coragem de contar ao Moacir o motivo de minha instabilidade."

Barreira inicial do chefe – "Já perguntei três vezes ao Júlio se há algum problema, e ele nega qualquer dificuldade fora do trabalho. Era meu melhor subordinado e, ultimamente, parece um morto-vivo. Se ele não melhorar seu desempenho, serei obrigado a demiti-lo."

Consequências – Existe uma barreira entre os dois e, se nada mudar, haverá sérios prejuízos para ambos.

Postura correta para romper a barreira – A iniciativa de adotar uma abordagem mais pessoal poderia partir do chefe, da seguinte maneira:

— Bom dia, Júlio. Como está sua agenda para o final do dia?

— Bom dia, Moacir. Está livre, precisa de algo?

— Gostaria de bater um papo informal e ouvir sua opinião sobre alguns assuntos pessoais. Vamos marcar às 18h30, naquele restaurante do shopping?

Júlio foi ao encontro, apreensivo, achando que seria demitido.

— Como anda a vida pessoal, Júlio?

— Tudo certo.

— A minha está complicada. Estou divorciado há um ano e minha filha de 12 anos ainda não aceitou a separação. Está tendo problemas na escola, não quer passar os fins de semana comigo e recusa-se a fazer as tarefas de casa.

— Não sabia que você havia se divorciado.

— Pois é. Eu tenho esse discurso de não misturar trabalho com a vida pessoal, mas, na verdade, estou sofrendo como qualquer um. É duro manter o equilíbrio emocional e não piorar o desempenho. Até tenho conseguido, mas acabei me isolando para vocês não perceberem. O que você faria em meu lugar?

— Acho que você tem conseguido dar conta, Moacir. Para ser sincero, quem não está conseguindo separar as coisas sou eu. Aconteceu algo muito desagradável e, depois de ouvir tudo o que você me falou, tomei coragem e vou me abrir.

— Fique à vontade. Para tudo há uma saída!

Com essa atitude, Moacir diminuiu a resistência do subordinado, pois agiu como uma pessoa conversando com outra pessoa, e não como um chefe acima do bem e do mal, mostrando que também sofre e dando abertura para o desabafo de Júlio.

Caso 43 – Relação professor/aluno

Situação – Um executivo de 40 anos, sedentário e com sobrepeso de vinte quilos começou a treinar tênis com um professor, há cerca de seis meses, e, apesar de nunca ter jogado antes, está gostando bastante do esporte. Por ser muito competitivo ele está frustrado por ter perdido todos os jogos que fez em um hotel durante as férias com a família.

Barreira inicial do aluno – "Estou chateado, pois perdi todos os jogos nas férias, inclusive para um senhor de 70 anos. Fiquei desmotivado e estou pensando em trocar de professor, apesar de todos dizerem que ele é o melhor da cidade."

Barreira inicial do professor – "Percebo que, ultimamente, meu aluno está desmotivado, chega atrasado às aulas, perde a paciência com pequenos erros, corre pouco e fica irritado quando corrijo algo. Acho que ele vai desistir."

Consequências – Há uma barreira emocional, e não técnica, entre eles, pois o professor é muito bom e o aluno gosta do esporte. Se nada for feito, a relação será encerrada.

Postura correta para romper a barreira – A iniciativa de adotar uma abordagem mais pessoal deveria partir do professor, que já está acostumado com esse tipo de comportamento.

Vamos a um diálogo antes do início de uma aula:

— Como foram as férias?
— Boas.
— Jogou bastante tênis?
— Joguei e, para falar a verdade, estou chateado, pois perdi todos os jogos, inclusive para um senhorzinho.
— Mas você jogou bem e os outros eram melhores ou jogou mal e perdeu para pessoas do mesmo nível?
— Até joguei bem, mas os outros eram muito melhores e aí está minha frustração: quantos anos se passarão até eu melhorar? Será que vale a pena?
— Você gosta do esporte?
— Adoro!
— Como você avalia seu comprometimento atual?
— Para falar a verdade, um pouco baixo, mas acho que você deveria me cobrar mais.
— Gostaria que eu preparasse um programa completo, que envolveria outras áreas, para acelerar seu aprimoramento?
— Como assim?
— A maioria dos novatos de sua idade treina apenas por lazer e não se preocupa em evoluir fisicamente antes de melhorar a parte técnica. Apenas os mais determinados evoluem mais rápido.
— Eu sou determinado e quero acelerar. O que será preciso?
— Basicamente, três etapas simultâneas: você precisaria perder no mínimo quinze quilos em um ano e eu poderia indicar

um ótimo *personal trainer* que, além da formação em educação física, também é nutricionista. Passaríamos a treinar três dias por semana em vez de dois e eu seria mais exigente quanto à parte técnica. Nos fins de semana, eu indicaria outros alunos no mesmo estágio que o seu para que os jogos fossem mais equilibrados e divertidos. O que acha?

— Quando começamos?

Com essa postura, o professor indicou um caminho claro para que o aluno competitivo ficasse mais motivado, o que certamente quebrou a barreira que existia entre eles, dando muito mais liberdade de expressão a ambos.

10

Entenda o mapa mental do outro e adapte-se a ele

O maior bem que podemos fazer a alguém é dar-lhe
a oportunidade de nos oferecer o que tem de melhor.
Lama Gangchen Rinpoche

Quando você já conhece a pessoa a ser convencida, é fundamental analisá-la previamente para descobrir como ela funciona mentalmente: principal motivador, profissão, família, hobbies, paradigmas morais e, principalmente, as características mais marcantes de personalidade. A pessoa é dominante ou obediente? Extrovertida ou introvertida? Paciente ou impaciente? Meticulosa ou flexível?

Quanto mais souber a respeito do "mapa mental" de seu interlocutor, mais fácil evitar um tema sensível e mais agradável será uma conversa sobre assuntos afins, como um hobby. Quando você não conhece nada sobre a pessoa, como no caso de um cliente que acaba de entrar em sua loja, a melhor estratégia será perguntar bastante e prestar atenção tanto nas respostas como nas manifestações não verbais, como o olhar mais ou menos atento, manifestações de interesse ou tédio, de calma ou agitação e assim por diante. O objetivo, antes de convencer, é entender com quem você está lidando.

Outra situação comum é aquela em que você consegue marcar uma entrevista, encontro, almoço ou reunião com alguém que precise vender algo, conseguir um emprego, obter apoio ou causar boa impressão. Há alguns anos, coletar informações sobre alguém era difícil e muitos desses encontros dependiam da habilidade de improviso para captar informações na hora.

Com o avanço das mídias sociais e dos sites de busca essa missão ficou muito mais fácil, pois quase todos deixam um "rastro" de informações pessoais e profissionais que você deve conhecer para se adaptar melhor ao mapa mental do outro. Em encontros fortuitos ou inesperados é necessário improvisar, em situações importantes será fundamental recolher informações a respeito de seu interlocutor.

A regra dos cinco minutos

O cérebro, de modo não consciente, avalia riscos o tempo todo, pois, como vimos, somos geneticamente programados para evitar perigos, principalmente quando lidamos com estranhos. Tudo o que parece ameaça causa rejeição. O parecido atrai, o diferente repele. Portanto, em um primeiro encontro, você terá pouquíssimo tempo para causar uma boa impressão, quebrar a barreira invisível e deixar o outro à vontade (relação pessoa/pessoa) para descobrir o que ela quer.

Você deverá permanecer atento nos primeiros cinco minutos de conversa, pois esse é o tempo que a maioria das pessoas precisa para, inconscientemente, avaliar se o interlocutor representa uma ameaça ou uma oportunidade. Significa que, nesse período, você precisará manter uma postura amistosa, e respeitosa, até conseguir "ler" a outra pessoa. Vamos a alguns exemplos de rejeição no primeiro encontro e como deveria ser a abordagem correta.

Caso 44 – Virando o jogo

Um cliente entra em uma loja de roupas à procura de um terno para usar em um evento imprevisto e demonstra impaciência e certo mau humor.

Abordagem equivocada com uma pessoa apressada:
- Parecer lento.
- Demonstrar excesso de intimidade.
- Falar demais.
- Parecer distraído ou distante.

Se isso acontecer, o cliente pensará: "Que vendedor chato" ou "lerdo" ou "folgado" ou "enrolado". Então, sua decisão será: "Aqui não vai dar. Procurarei alguém em outro lugar".

Abordagem correta com uma pessoa apressada:
- Seja tão rápido como ele.
- Não perca tempo com bate-papo inútil.
- Nunca peça informações desnecessárias.
- Deixe claro que seu processo é ágil.

Se você conseguir se adaptar rapidamente, ele pensará: "Que vendedor profissional" ou "Esse sabe o que faz" ou "Como ele é rápido, dedicarei um pouco mais de tempo para comprar tudo o que preciso".

Abordagem bem-feita:
— Boa noite, eu me chamo Marisa, e o senhor?
— Armando.
— O que o senhor procura?
— Um terno, mas tenho pouco tempo.
— É para alguma ocasião especial ou para uso no dia a dia?
— Odeio usar ternos, mas acabei de ser convidado para dar uma entrevista ao vivo, amanhã, e, como estou em trânsito na cidade, não tenho roupa adequada para usar.
— Percebo que o senhor está incomodado com a situação.
— Pois é, fui avisado em cima da hora, mas é uma oportunidade irrecusável.
— Será em pé ou sentado?
— Acho que sentado.
— Haverá uma mesa ou será uma entrevista informal, frente a frente com o apresentador.
— Por quê?
— Se for atrás de uma mesa, apenas um blazer, camisa e gravata serão suficientes. Em uma cadeira, será necessário incluirmos calça, cinto, sapato e até meias, pois fica tudo visível.
— A conversa foi tão rápida que me esqueci de perguntar e o pessoal da produção não deve mais estar por lá. E agora?
— Qual será o programa?
— Será o...
— Vamos dar uma olhada no site da TV pelo celular?
— Boa ideia!

— É frente a frente e o estilo da entrevistadora é bem informal. Sugiro uma combinação blazer/calça, camisa branca, mas sem gravata. O que lhe parece?
— Não tenho muito jeito para escolher roupas, mas acho que você tem razão.
— Vejo que o senhor é muito ocupado e deve estar ansioso para comprar e ir para o hotel para se preparar, certo?
— Certíssima!
— O que achou desta combinação?
— Ficou bom, mas deve ser caro!
— É material de alta qualidade e o senhor poderá usar em muitas ocasiões. Além disso, temos um alfaiate de plantão, que poderá preparar os ajustes, enquanto o senhor janta. Em uma hora estará pronto para usar.
— Você me convenceu, pode fazer!

A vendedora percebeu logo a pressa do cliente, adaptou-se, entendeu suas necessidades e usou tudo a seu favor, deixando-o satisfeito e quase de bom humor.

Caso 45 – O empresário desconfiado

Um empresário está insatisfeito com a gestão de sua empresa e marca uma conversa com um consultor. Ele é discreto, conservador, desconfiado e reservado.

Abordagem equivocada com uma pessoa discreta e desconfiada:
Demonstrar impaciência.
Impor pressão.

Parecer arrogante.
Usar um discurso padrão.

Se isso ocorrer, ele pensará: "Que pessoa desagradável" ou "Acaba de me conhecer e já quer impor condições" ou "Jamais faria negócios com alguém tão precipitado" ou "Parece ter um roteiro pronto".

Abordagem correta com uma pessoa discreta e desconfiada:
Seja paciente.
Seja respeitoso.
Fale apenas o necessário.
Pergunte e tenha calma para esperar a resposta.

Se você conseguir se adaptar rapidamente, ele pensará: "Finalmente uma pessoa 'sóbria' me atendeu" ou "Gostei do jeito respeitoso dele" ou "Ainda bem que não está tentando vender de qualquer jeito".

Abordagem bem-feita:
— Bom dia, sr. Melo.
— Bom dia.
— Meu nome é Jean e gostaria de fazer algumas perguntas para melhor atendê-lo, pode ser?
— Sim, mas todos os dados da empresa estão no relatório que já enviei por e-mail.
— Recebi e estão muito bem organizados. No entanto, gostaria de obter mais informações para analisar como eu poderia contribuir.
— Ok, pode perguntar.
— Poderia falar um pouco a seu respeito?

— Não prefere que eu fale da empresa?

— Se não se importar, prefiro primeiro conhecê-lo. Entender como é sua personalidade, seus pontos de vista e como resolve os problemas é tão ou mais importante do que saber sobre a empresa, pois definirá a estratégia de minha eventual participação.

— Bom, eu dirijo a empresa há quase quarenta anos e, para falar a verdade, pouca coisa mudou em meu estilo de agir.

— Qual é seu estilo?

— Sou conservador na tomada de decisões e nunca corro riscos, para não perder o controle dos negócios.

— Como é sua estrutura familiar?

— Sou casado há quarenta anos e meus filhos de 33 e 28 anos trabalham comigo.

— A interação entre vocês é harmônica?

— Não muito. Sou muito centralizador, tomo sozinho quase todas as decisões e eles reclamam que só fazem trabalhos burocráticos.

— Quais atividades o senhor faz, além do trabalho?

— Acho que quase nada, pois fico na companhia o tempo todo, inclusive nos fins de semana. Minha esposa gosta de viajar, mas eu nunca tenho tempo.

— Já pensou em dar mais espaço para seus filhos?

— Pensei, mas, por minha culpa, eles são despreparados.

— Agora que o conheço um pouco mais, fale-me sobre a empresa.

— Na verdade, a empresa continua indo bem, não há dívidas e, como sou conservador, estou em uma posição muito segura.

— Se a empresa está tão bem, qual sua motivação para conversar com um consultor?

— Estou com quase 70 anos, começando a ficar cansado e percebo que não deixarei nada para meus filhos, além de um bom patrimônio.

— Posso concluir que sua principal missão é preparar seus filhos para assumir o negócio?

— Você interpretou bem. Os outros consultores com os quais conversei trazem um pacote pronto: contratação de executivos, mudanças na gestão, troca de modelo etc. Eu ouvia tudo e observava que eles não percebiam o que realmente me aflige. Você ouviu mais do que falou, descobriu o que realmente me preocupa, mas quase não falou de si.

— O senhor é muito experiente e, certamente, já pesquisou bastante sobre mim.

— É verdade! Agora que as cartas estão na mesa, gostaria de saber mais sobre você e como poderia me ajudar na preparação dos sucessores...

O consultor sabe que em uma empresa familiar a cultura tem relação direta com a personalidade de seu fundador e que de nada adianta discutir aspectos técnicos antes de conhecer os aspectos emocionais, que na prática é o que fará toda a diferença.

Caso 46 – A estudante indecisa

Uma estudante sociável, divertida e muito inteligente está indecisa sobre qual dos cinco grupos de estudo fará parte, no primeiro ano da faculdade. Já conversou com os líderes de quatro grupos, mas continua em dúvida, pois tem medo de desagradar aos colegas preteridos.

Abordagem equivocada com uma pessoa sociável e indecisa:
- Demonstrar frieza.
- Priorizar aspectos técnicos.
- Dar pouca importância a seus sentimentos.
- Não definir prazos claros.
- Deixar que se decida quando quiser.

Se isso acontecer, a estudante pensará: "Que colega chato" ou "Pelo jeito, todos querem que eu faça parte dos grupos, mas como não há um prazo claro, vou enrolar até onde der".

Abordagem correta com uma pessoa sociável e indecisa:
- Seja caloroso.
- Priorize o relacionamento.
- Seja animado.
- Defina prazos.
- Se for preciso, decida por ela.

Se você proceder dessa maneira, a pessoa se sentirá acolhida por sua postura, mas evitará postergar a decisão, pois correrá o risco de perder a oportunidade.

Abordagem bem-feita:
— Oi, Manu! Você gostaria de participar de nosso grupo?
— Para falar a verdade, estou na maior dúvida. Todos parecem bacanas.
— Quais são suas dúvidas?
— Sou muito sociável e tenho medo de ficar restrita a um único grupo de estudos.
— Qual seria o grupo ideal?
— Aquele que me dê liberdade de escolhas, e também que seja divertido.

— E se o grupo for só divertido e não conseguir entregar o trabalho ao final do semestre?

— Puxa, não tinha pensado nisso. O que acontece?

— Todo mundo tira zero e, como a nota do trabalho representa 50% da avaliação, há grande chance de reprovação.

— Acho que terei de pesar isso também. Como funciona o seu grupo?

— O grupo que coordeno é composto por cinco pessoas e nossa proposta é que cada componente utilize ao máximo seus pontos fortes. Temos uma pessoa ótima em cálculo, uma mais madura e ponderada, outra mais exigente com o cumprimento de metas, e eu escrevo bem. Precisamos de alguém para participar das discussões e, principalmente, fazer a apresentação oral. Você se encaixaria perfeitamente.

— Que legal! Posso dar a resposta na semana que vem?

— Infelizmente, precisamos decidir ainda hoje. Que tal combinarmos um almoço para você conhecer o pessoal?

— Pode ser.

— Será ótimo, pois teremos duas horas para interagir. Você conhecerá o jeitão de cada um e ficará muito mais fácil decidir.

— Para ser sincera, eu preferia "enrolar" um pouco mais, mas você tem razão em fechar logo. Vou pensar e prometo dar uma resposta ainda hoje.

Resumindo, ao lidar com desconhecidos, é importante lembrar-se da "regra dos cinco minutos": analise o mapa mental do outro, adapte-se nos primeiros cinco minutos e, ao perceber que seu interlocutor está mais à vontade, comece a convencê-lo a decidir-se por sua solução.

11

Demonstre interesse genuíno

> *Fale pouco de si mesmo e estimule que falem muito sobre si próprios; nisso reside a arte de convencer. Todo mundo sabe disso, mas poucos praticam.*
> Edmond e Jules de Goncourt

Uma das maiores necessidades humanas é ser ouvido. A maioria de nós aprecia quem nos dá atenção genuína, mas isso é cada vez mais raro. A impaciência, aliada à falta de tempo, faz com que interrompamos as pessoas, falemos muito e escutemos pouco. Com isso, perdemos a preciosa oportunidade de saber o que o outro pensa: desejos, ambições, dúvidas, frustrações, motivações e até restrições. Demonstrar interesse não é apenas sinal de educação e respeito, mas também uma das estratégias mais eficazes para conquistar a simpatia de qualquer pessoa.

Como você se sente quando um conhecido mal lhe dá boa-noite em uma festa e desanda a falar sobre seus projetos como se estivesse falando com uma parede? Qual é sua reação ao receber do chefe um "pedido" para trabalhar no fim de semana, sem demonstrar a menor preocupação com suas demandas familiares ou eventuais compromissos já assumidos?

Qual é sua sensação ao ouvir do cônjuge que marcou um jantar com clientes em sua casa, sem consultá-lo? Qual é seu sentimento ao ouvir do pai ou da mãe que sua tristeza é coisa de desocupado, sem preocupar-se em ouvir os motivos? Como você reage quando conta uma tremenda vitória a um amigo e ele, além de não prestar atenção, descreve uma conquista ainda maior?

Provavelmente sente-se mal, pois, na verdade, gostaria apenas de ser ouvido com atenção. Lembre-se disso da próxima vez que estiver do outro lado e tão somente ouça de boa vontade. A pessoa ficará agradecida com esse pequeno gesto.

Benjamin Disraeli e William Gladstone foram rivais ferrenhos e se revezaram no cargo de primeiro-ministro inglês, entre 1868 e 1894. Ambos eram inteligentíssimos, respeitados e poderosos, cada qual com seu estilo, e uma passagem comentada pelo autor Nicholas Boothman ilustra uma das diferenças marcantes entre eles.

Gladstone e Disraeli, certa vez, jantaram com uma mesma senhora em diferentes dias, na mesma semana. Uma pessoa que estava no local percebeu a coincidência e perguntou a essa senhora qual sua impressão sobre os dois e ela respondeu: "Depois de jantar com o sr. Gladstone, concluí que ele era a pessoa mais inteligente em toda a Inglaterra. Após o jantar com o sr. Disraeli, percebi que eu era a pessoa mais inteligente da Inglaterra".

Intelectualmente brilhantes, os dois usaram diferentes abordagens para impressioná-la. Gladstone exibiu sua erudição, e Disraeli (que era tão erudito como seu rival) preferiu direcionar a conversa aos atributos intelectuais de sua interlocutora.

Como vimos, há várias formas de convencer alguém, e, provavelmente, a mais eficiente é aquela em que você reconhece as reais qualidades do outro, em especial se seus atributos forem notoriamente maiores que os dele. Nesse caso, sua postura ensejará gratidão e a pessoa sentirá necessidade de retribuir esse gesto. Entretanto, cuidado! Elogios falsos ou exagerados soam como manipulação e deixam a pessoa na defensiva, aumentando a barreira invisível.

Ganhe créditos

O convencimento é muito mais eficaz quando o outro tem uma dívida moral com você, ou seja, sente-se grato. Quando isso ocorre, a pessoa fica mais propensa a aceitar sua proposta ou, no mínimo, mais flexível.

É desagradável precisar pedir algo a alguém com quem convivemos há meses sem nunca trocarmos uma palavra antes, como um colega de trabalho; é ruim pedir um favor a um vizinho que mal cumprimentamos; é chato depender de uma pessoa que tivemos oportunidade de ajudar e não ajudamos; é péssimo recusar por comodismo algo que pode ser feito com pouco esforço. Em todas essas situações, perdemos a oportunidade de fazer o bem e de conquistar créditos.

Tenho uma amiga que está sempre disposta a ajudar qualquer um. Quando questionada sobre os motivos de tanto altruísmo, ela respondeu: "Em primeiro lugar, faz um grande bem à autoestima; depois, poupa um enorme trabalho de convencimento, pois quando peço algo, a maioria das pessoas que ajudei se desdobra para me atender. No fim, cheguei à conclusão de que fazer o bem não tem contra indicações".

Há pessoas naturalmente altruístas, como minha amiga, que agem assim sem o menor esforço, e há aquelas muito egoístas, que parecem sentir que o mundo está em dívida com elas, sempre pensando somente no próprio bem-estar. O resultado é que, quase sempre, os egoístas estão procurando justificar o comportamento inadequado e tendo de se desdobrar para convencer alguém a ajudá-los.

Formas de ganhar crédito com pequenos atos

- Ofereça ajuda a colegas novatos na empresa.
- Elogie desempenhos ou atos marcantes (dos filhos, dos colegas, do chefe, do marido, da esposa, de parentes etc.).
- Dê carona às vezes, mesmo que precise gastar dez ou quinze minutos a mais.
- Faça a parte chata de um trabalho que a maioria reluta em aceitar.
- Ajude seus filhos em uma matéria que você sempre teve facilidade.
- Cumprimente pessoas que parecem ser invisíveis para a maioria (porteiros, pessoal da limpeza etc.).
- Agradeça a seu cônjuge quando fizer algo caprichado.
- Seja um pouco mais tolerante com pessoas limitadas.
- Evite alimentar fofocas.
- Agradeça quando receber críticas construtivas.
- Diga para as pessoas importantes de sua vida o quanto elas são valiosas.
- Dê pequenos presentes ou lembranças em datas especiais.
- Sempre responda a convites, ainda que seja para recusá-los.
- Ouça com atenção.
- Dê valor a pequenas contribuições e dicas que receber.

- Mostre deferência com as pessoas mais velhas.
- Oriente profissionalmente quem tem poucos recursos.

Pode parecer conversa politicamente correta, mas a soma de alguns desses pequenos gestos melhora a autoestima e facilita o processo de convencimento, pois o transforma em credor perante a vida.

Peça opinião, faça perguntas e ouça com atenção.

Outra forma de demonstrar interesse pelo outro é fazer, pelo menos no início da conversa, mais perguntas do que afirmações. Perguntas indicam respeito, consideração e preocupação com a opinião do outro.

Analisemos agora, duas diferentes abordagens:

Caso 47 – Uma venda de varejo

Abordagem 1

"Senhora Maria, nossos produtos de beleza respeitam a proteção ao meio ambiente, nossas fábricas são projetadas para poluir menos, nossos trabalhadores são respeitados, nossas fórmulas não têm conservantes na composição, nossos preços são competitivos, temos uma política de troca, caso não fique satisfeita, a cada 200 reais em compras a senhora terá direito a um brinde, temos um cartão de fidelidade, oferecemos vale-presentes, temos também uma linha masculina, caso seu marido se interesse, nossos produtos infantis são excelentes, nossa marca é a mais conhecida do mercado, blá-blá-blá..."

Abordagem 2

— Bom dia, a senhora conhece nossa marca?
— Sim.
— O que a senhora mais aprecia em nossos produtos?
— Vocês têm uma linha completa e tudo o que usei até hoje é de boa qualidade.
— Quais são os produtos que a senhora usa, atualmente?
— O hidratante para pele, os batons, o xampu e o creme para as mãos.
— Que bom! O que gostaria de comprar hoje?
— Um kit de barba para meu marido. Será que ele vai gostar?
— Tenho certeza de que sim.
— Ele tem a barba cerrada?
— Sim.
— Faz a barba todos os dias?
— Faz.
— Então, sugiro um óleo especial, um gel para fazer espuma e um pós-barba com hidratante. Pode ser?
— Você me explica como funciona esse óleo? Acho que ele nunca usou.
— O óleo amacia os pelos e é útil para quem tem a barba muito cerrada. Primeiro, ele precisa lavar o rosto com água quente, passar o óleo e, logo em seguida, o gel. Ficará perfeito!
— Pode preparar uma embalagem bem bonita.
— Eu mesma farei e ficará linda.
— Ótimo!
— Já que a senhora está aqui, que tal repor seus estoques?

A diferença entre as duas abordagens foi que, na primeira, a vendedora "metralhou" a cliente com todos os benefícios que ela tinha decorado, mesmo a cliente não dando a menor importância para muitos deles.

Na segunda abordagem, a vendedora pediu a opinião da cliente, certificou-se do quanto ela conhecia os produtos e para quais benefícios dava valor. Identificou a necessidade atual (presente para o marido) e ainda fez uma venda complementar.

Caso 48 – O cliente insatisfeito

Germano é diretor comercial de uma rede varejista com mais de quinhentos vendedores e contratou uma empresa para treinar toda a equipe. O acordo previa três cursos em técnicas de vendas para o varejo e, se houvesse bons resultados, mais dez seriam realizados.

Lúcio, presidente da empresa de treinamentos, está preocupado, pois sessenta dias se passaram desde o último encontro e Germano parece evitá-lo. Após muito esforço, ele finalmente consegue marcar uma reunião para convencer o diretor da empresa a contratar mais dez treinamentos.

— Boa tarde, Germano. Agradeço por me receber.

— Seja bem-vindo, Lúcio.

— Obrigado, sei que você é muito ocupado. O motivo de minha visita é saber suas impressões sobre nossos primeiros cursos.

— Ainda estamos avaliando os resultados e, possivelmente, testaremos outros métodos antes de voltar a negociar com você.

— Percebo que você não ficou muito satisfeito. Gostaria muito de ouvir suas críticas.

— Tem certeza?

— Certeza absoluta.

— Vamos lá. O primeiro treinamento foi dado por você e a avaliação foi excelente. Os casos eram práticos, todas as perguntas foram respondidas, houve humor na medida certa e as pessoas, inclusive eu, tivemos a melhor impressão.

— Que bom, fico feliz em ouvir isso de você.

— O segundo curso foi dado por um rapaz com ótimo currículo, mas pouca experiência prática. Os casos eram burocraticamente descritos, o pessoal ficou entediado e muitos não voltaram no segundo dia.

— Eu não sabia! A avaliação ficou em torno de 8, que não é excelente, mas aceitável.

— Sim, a média foi 8, mas só as pessoas mais jovens avaliaram. Muitos dos vendedores mais experientes não vieram no segundo dia e, portanto, não participaram da avaliação.

— O terceiro treinamento foi ministrado por um senhor mais experiente, mas ele passou metade do tempo contando piadas e falando da própria experiência de vida. A equipe até gostou, mas os resultados foram pífios, pois pareceu mais um show de piadas que um curso de técnicas de vendas.

— Estou surpreso, pois a avaliação também foi boa e as referências dele são impecáveis.

— Realmente, ele tem uma bela história de vida, é engraçado, mas não resolve minhas necessidades. Por isso, já contratei outro instrutor para dar um novo treinamento, e só depois de uma avaliação muito criteriosa decidirei o que fazer.

— Agradeço muito sua sinceridade e peço desculpas por essas falhas. A culpa é toda minha. A empresa cresceu com rapidez e precisei aumentar minha equipe de instrutores — todos com excelente currículo e histórico impecável, mas que não pude acompanhar individualmente. Apesar de serem bem avaliados em outras oportunidades, pode ocorrer de um ou outro cliente não se adaptar ao estilo deles.

— Eles me parecem bons profissionais, mas, como já disse, não atenderam minhas expectativas.

— Posso fazer uma nova proposta?

— Qual?

— Ministrarei, eu mesmo, dois novos treinamentos sem cobrar honorários. Você poderá repetir as turmas ou montar turmas novas. Se esses novos treinamentos tiverem uma avaliação acima de 9,5, voltaremos a falar de novas turmas. O que lhe parece?

— Estou um pouco surpreso, mas parece justo. Vamos agendar os novos programas, mas, daqui em diante, só com você como instrutor, ok?

— Ok!

Caso 49 – O "boa gente" que não convence

No Capítulo 1, comentei o caso de Alencar, um empresário que afirma ter excelentes ideias, ser bem relacionado, mas não consegue fechar nenhum negócio relevante há meses. Há alguns dias, ele levou um amigo para observá-lo em uma reunião com um potencial investidor. O objetivo era receber um feedback sincero sobre seu desempenho.

— Então, Fábio, como me saí?

— Alencar, você é inteligente, articulado, tem bons projetos, mas se atrapalha demais!

— Como assim?

— Você falou uma hora sem parar, não fez uma única pergunta ao investidor, fez piadas fora do contexto, saiu e voltou do assunto principal várias vezes e trocou o nome da pessoa.

— Tem certeza?

— Anotei tudo, quer a descrição detalhada?

— Quero!

Fábio descreveu as gafes e a falação destrambelhada do amigo, do primeiro ao último minuto, e finalmente Alencar concluiu:

— Você tem razão. Até que o investidor teve muita paciência de aguentar meu papo por uma hora.

— Aguentou porque o projeto é bom. O problema é que você perde o foco e se esquece da pessoa. Parece que está conversando com o espelho.

— É verdade. Fico ansioso quando acontece um "silêncio" de cinco segundos e desembesto a falar para ocupar o vazio.

— Não é vazio! A pessoa está pensando, analisando a coerência de seu discurso.

— Preciso treinar mais, pois me comporto como se estivesse em uma festa com os amigos e dou a impressão de ser um irresponsável. Você sabe quanto sou dedicado e trabalhador.

— Eu sei. É um produto excelente em uma embalagem ruim.

— Agora, pelo menos, sei onde estou errando. Procurarei ajuda profissional e melhorarei minha embalagem. Perguntarei mais e falarei menos. Muito obrigado por sua sinceridade!

— De nada, você tem muito valor!

Objeções ou críticas deveriam ser encaradas como um presente ou como uma oportunidade para corrigir uma estratégia equivocada. Pior do que perder um negócio, é não ter ideia do motivo da perda. Portanto, dê espaço para receber feedbacks sinceros.

12

Gere interesse/curiosidade a seu respeito

*Simplificar significa eliminar o desnecessário
para que o necessário se manifeste.*
HANS HOFMANN

Já comentei, mas não custa voltar ao assunto: em situações do dia a dia, e com quem você tem intimidade, o processo de convencimento é muito mais simples, bastando utilizar o que sabe sobre a pessoa para atingir seu objetivo. Veja os exemplos.

Se uma mulher quer convencer o marido a almoçar na casa dos pais, basta propor o que ele aprecia para motivá-lo a ir sem reclamar: "Meu pai fará uma picanha do jeito que você gosta" ou "Meu irmão comprou a cerveja artesanal que você elogiou".

Se alguém precisar da ajuda de um colega para interpretar uma tabela, basta propor uma troca: "Você poderia me ajudar com esta tabela complicada? Não demora mais do que dez minutos e eu fico lhe devendo um favor".

Entretanto, situações complexas e desafiadoras – como vender um imóvel, convencer um investidor a colocar dinheiro em um projeto, participar de uma dinâmica de grupo ou pedir algo difícil a pessoas que você nunca viu antes – requerem boa parte do arsenal que vimos até o momento.

Agora que você diferenciou as características de benefícios, identificou o principal motivador de compra, conseguiu quebrar a barreira, adaptou-se ao mapa mental do outro e demonstrou interesse por suas necessidades, chegou a hora de deixar seu interlocutor curioso a seu respeito.

Muita gente, por excesso de confiança, passa por cima dessa etapa e comete o erro de falar demais a respeito de si. Essa atitude pode parecer arrogante e estragar o clima positivo criado até ali: "Preciso aproveitar a brecha e falar tudo de uma vez". Outro erro comum é ir direto para a proposta: "Já que ele me deu abertura, vou direto para o orçamento".

Todo esse esforço para correr um risco tão grande? Não vale a pena.

A sugestão é: controle sua ansiedade, dê informações resumidas e deixe o outro desejar mais dados a seu respeito ou do que você tem a oferecer. Lembre-se de que, nas fases anteriores, você tomou todo o cuidado para manter o foco em seu interlocutor para deixá-lo à vontade em sua presença. A partir de agora, ele estará interessado em saber mais detalhes a seu respeito.

Comercial de trinta segundos – apresente seu rastro

Em alguns casos, seu interlocutor ficará à vontade rapidamente; em outros, demorará um pouco mais. A deixa será quando ele disser: "Já conversamos bastante sobre mim, fale um pouco sobre você" ou "Como você chegou até aqui?" ou "Qual é sua história de vida?" ou "Qual é sua formação?" ou "Qual é sua experiência profissional?".

Eis a grande chance de falar a seu respeito, principalmente porque o outro pediu. Entretanto, cuidado para não cair na tentação de falar de produtos ou serviços antes de falar de si, pois o foco ficaria na parte técnica, na execução ou simplesmente no preço.

A confiança, em primeiro lugar, precisa ser em você. Mais à frente, haverá muito mais espaço para falar de sua proposta por isso, seja breve e impactante.

Quanto tempo dura um comercial no horário nobre na TV? Trinta segundos! Nesse curtíssimo período, a propaganda precisará "fisgá-lo" para desejar o produto ou, no mínimo, deixá--lo curioso para buscar mais informações.

Sua "propaganda pessoal" inicial deveria seguir o mesmo princípio: usar no máximo trinta segundos para causar uma ótima primeira impressão. Se o outro ficar curioso ou interessado, dirá: "Interessante, fale mais sobre...", e então você irá se aprofundando aos poucos e usando mais tempo.

* * *

Para ilustrar, há cerca de cinco anos, fui convidado pela rádio CBN, de Curitiba, para fazer uma coluna semanal, ao vivo, que teria em torno de três minutos para falar sobre algum tema relacionado a gestão de pessoas. Estava acostumado a falar de oito a dez horas ao ministrar treinamentos e precisei me adaptar a um tempo tão curto. Nas primeiras vezes, confesso que foi muito difícil: errava no *timing*, atropelava o entrevistador, dava respostas muito longas ou ficava nervoso. Como não estava desempenhando bem, comecei a me preparar com pelo menos dois dias de antecedência, revisava o discurso várias vezes antes de começar a entrevista, e ainda ficava desconfortável. Depois de mais de 100 colunas (atualmente, sou colunista na rádio BandNews Curitiba) em três anos, descobri que esse tempo era mais do que suficiente e que um dos segredos era manter o foco.

Concentrar-se apenas nas informações mais relevantes faz enorme diferença: se o ouvinte ficar interessado, buscará mais informações no site ou enviará um e-mail pedindo informações. Se, por outro lado, o discurso for confuso, bastará um segundo para que ele mude de estação. Você pode ver um exemplo de uma de minhas colunas em http://bandnewsfmcuritiba.com/category/colunas/comportamento-e-carreira/.

Mais tarde, o desafio aumentou quando a revista *Exame* me convidou para gravar vídeos de um minuto, também sobre temas que exigem certa profundidade, como liderança, carreira e negociação. A dificuldade triplicou. Lembro-me de que, na primeira vez, demorei cerca de três horas para gravar um único vídeo. Ficava muito longo ou desconexo ou eu falava muito rápido. Acho que o pessoal da produção não desistiu por pouco. Pedi desculpas, fiquei meia hora sozinho em uma sala, cronometrando minha fala, e, afinal, consegui gravar um vídeo de um minuto com um conteúdo aceitável.

Fui me acostumando com o passar dos meses e, atualmente consigo gravar vários vídeos, praticamente sem repetir as tomadas. Entretanto, sempre me preparo com antecedência. Se quiser, veja um exemplo em: http://exame.abril. com.br/videos/sua-carreira/como-a-neurociencia-pode-contribuir-na-gestao-de-pessoas/ (há mais de cem vídeos no portal *Exame*).

GERE INTERESSE/CURIOSIDADE A SEU RESPEITO

* * *

A vantagem da proposta é que você só precisará preparar sua apresentação de trinta segundos uma vez, testar seu impacto e ajustá-la até ficar ótima. Nela, deve constar apenas o que for mais relevante ou marcante. Vamos a alguns exemplos.

Caso 50 – Uma entrevista de emprego

— Bem, Mariana, agora que já falei sobre a empresa e o cargo, gostaria que você resumisse quem é você.

Comercial 1

"Tenho 35 anos, sou casada e tenho três filhos, com 12, 7 e 3 anos. Sou muito dedicada a tudo que faço, mas minha família é minha maior prioridade. Sempre estudei em escolas públicas, trabalhei como balconista e vendedora em lojas de roupas até ingressar no curso de administração de empresas. Fiz estágios em um escritório de contabilidade, em uma agência de propaganda e em duas indústrias têxteis, sempre com ótimas avaliações.

"Aos 23 anos, ingressei na indústria em que trabalho até hoje. Fiz uma pós-graduação em gestão de pessoas e cursos rápidos de liderança, técnicas de vendas, técnicas de oratória, planejamento estratégico e negociação de conflitos.

"Comecei como auxiliar administrativa, fazendo tarefas de controle do almoxarifado. Depois, fui secretária de um dos diretores, quando, além de organizar toda agenda de compromissos, participava das principais reuniões com clientes e fornecedores, pois meu chefe dizia que eu tinha potencial para ser promovida. Então, comecei como analista de RH, sendo responsável direta pela folha de pagamento/benefícios. Depois, como supervisora de RH, ficando encarregada de campanhas internas de incentivo, avaliação de desempenho e coordenação de treinamentos. Há três anos, fui promovida a gerente de RH, comandando uma equipe de sete pessoas, e meus resultados estão sendo excelentes, pois nosso *turnover* é o mais baixo da região: a empresa atrai talentos de todo o estado e é considerada referência em gestão de pessoas na indústria têxtil."

Foi um bom comercial, mas, basicamente, ela repetiu o que já estava no currículo.

Comercial 2

"Meus pais eram pequenos agricultores e aprendi a trabalhar duro e ser responsável desde criança, pois todos os filhos precisavam ajudar e, mesmo sendo a caçula, tinha muitas tarefas para realizar. Percebi, muito cedo, que minha aptidão seria lidar com gente, pois conseguia mediar os conflitos entre meus irmãos, entre os vizinhos e até com desconhecidos, motivando-os a se respeitar e produzir juntos. Na escola, faculdade e empregos a história sempre se repetia: conseguia unir as pessoas e as incentivava a dar o seu melhor em prol do grupo, da classe ou da empresa. Portanto, sinto-me muito tranquila para liderar e inspirar as pessoas a trabalhar com empenho e boa vontade."

O segundo comercial, além de mais curto, pareceu mais espontâneo, humanizado e impactante. Mariana deu as informações que julgou ser mais relevantes e conseguiu atrair o interesse do contratante. A partir daí, poderá (e deverá) dar respostas mais longas, mas precisará continuar atenta para manter seu interlocutor cada vez mais motivado a saber mais sobre ela.

* * *

Caso 51 – A compra de um pacote turístico

— Bem, Rafael, falei de meu estilo de vida, de meus objetivos com a viagem e do quanto estou disposto a gastar. Agora, por favor, explique por que eu deveria comprar de sua agência, que só tem dois funcionários, em vez de comprar de uma grande operadora de turismo?

Comercial 1
"Sua dúvida é pertinente e acho que lhe darei bons motivos. Tenho 38 anos e trabalho em agências de turismo há vinte. Comecei aos 18 anos, como *office boy* de uma grande agência, e me encantei com o mercado: atendia alguns clientes corporativos e sempre procurei ser prestativo e pontual. Aos 20 anos, comecei a trabalhar como vendedor júnior, basicamente dando apoio a meus colegas mais experientes. Aprendi a emitir as passagens, fazer reservas em hotéis, alugar carros, ônibus de turismo e vans para passeios.

"Aos 25, passei a atender os próprios clientes e comecei a ganhar experiência prática, pois comecei a viajar como turista, prestando muita atenção a todos os detalhes de uma viagem e a tudo que poderia dar errado, como voos muito próximos uns dos outros e hotéis distantes dos aeroportos, por exemplo.

"Terminei minha graduação em turismo, participei de mais de cinquenta cursos e palestras na área de atendimento ao cliente e sempre fui um dos mais atuantes. Finalmente, aos 27 anos, fui promovido a gerente de uma pequena filial e tive a oportunidade de comandar três pessoas, sempre procurando dar bons exemplos e prestar um atendimento diferenciado a todos os clientes. Minha agência se destacou, assumi a terceira maior filial do grupo aos 30 e, aos 33 anos, fui promovido a diretor comercial, comandando mais de cem pessoas ao todo.

"Com 35 anos, com algum capital e muita experiência, resolvi abrir essa agência, com uma proposta diferenciada: usar meu know-how para atender clientes exigentes como o senhor."

Comercial 2

"Trabalho com turismo há mais de vinte anos, porque sou um apaixonado pelo ramo. Passei por todos os cargos dentro de uma grande agência até me tornar diretor comercial. Já fiz mais de duzentas viagens, e sempre que frequento hotéis, restaurantes e passeios, procuro imaginar como meus clientes mais exigentes se sentiriam. Por isso, priorizo locais que visitei e confio. Quando não conheço o roteiro, procuro me informar sobre todos os detalhes, inclusive com avaliações pormenorizadas.

"Mantenho meu negócio propositalmente pequeno para dar um atendimento realmente individualizado. Presto uma consultoria especializada, ajustando detalhes que uma agência de grande porte não consegue por uma questão de escala, já que quase sempre vendem um pacote pronto. Com isso, consigo atender clientes especiais como o senhor, que não tem tempo a perder e procura uma experiência realmente única em suas viagens. Há, em meu site, mais de cinquenta depoimentos – inclusive com e-mails para referências de clientes encantados."

As duas versões foram boas, mas a segunda certamente gerou mais curiosidade para que Rafael receba mais perguntas e aprofunde seus conhecimentos e informações.

GERE INTERESSE/CURIOSIDADE A SEU RESPEITO

Caso 52 – A análise "relâmpago"

Roger foi contratado, há trinta dias, como diretor comercial de uma multinacional, e será responsável por uma equipe de 105 pessoas, todos com ensino superior. Houve uma convenção para comunicar as novas diretrizes e apresentá-lo à equipe. Roger fez um breve discurso e comunicou o seguinte: "Agradeço a presença de todos e gostaria de aproveitar a oportunidade para conhecê-los pessoalmente. Como o tempo é curto, peço que preparem uma apresentação de um minuto sobre si. O bate-papo será individual e não precisam trazer nada por escrito, pois haverá uma pessoa anotando. A ordem será por sorteio e começaremos em quinze minutos".

A seguir, a apresentação de três profissionais e suas análises, caso a caso.

Discurso do profissional 1
"Tenho 38 anos, sou casado, tenho um filho de 18 anos e uma filha de 16. Sou um homem de família e faço tudo por eles. O rapaz já está no segundo ano da faculdade e a menina faz intercâmbio no exterior. Minha esposa não trabalha e você deve imaginar quanto meu orçamento é apertado.

"Estou pensando em fazer uma pós-graduação, mas tenho poucos recursos e o tempo está apertado. Espero que, com sua vinda, a empresa nos auxilie com algum tipo de programa para desenvolvimento, que é quase inexistente hoje.

"Minha região está com alta inadimplência, porque tivemos dois anos seguidos de seca e a quebra da produtividade foi enorme. Tenho procurado renegociar muitas dívidas e acaba sobrando pouco tempo para conquistar novos clientes. Entretanto, pode ter certeza de que estou fazendo o máximo para dar conta de tantas tarefas.

"Puxa, não é fácil resumir tudo em um minuto! Se você me der mais tempo, posso explicar melhor a situação difícil que a empresa enfrenta."

Falou pouco de si – que era o propósito – e muito sobre as dificuldades. Foi um discurso defensivo e ele perdeu uma ótima oportunidade de causar boa impressão.

Discurso do profissional 2

"Tenho 30 anos e, sem falsa modéstia, sempre me destaquei em tudo o que fiz. Fui campeão estadual juvenil de natação, era um dos melhores alunos no ensino médio, passei no primeiro vestibular, fui presidente do centro acadêmico durante a faculdade e sempre fui um líder nato.

"Tive três empregos e, para ser sincero, pedi demissão de todos, pois não estavam à altura da minha ambição. Entrei na empresa há um ano e bati todas as metas – o que gerou certa inveja de alguns colegas, mas eu não ligo. O importante é entregar resultados.

"Fiquei muito contente com sua vinda, pois o diretor anterior era muito acomodado. Li seu histórico pelo site da empresa, fiquei impressionado e acho que, juntos, podemos fazer muita coisa positiva.

"Conte comigo!"

Exagerou nos autoelogios e demonstrou certa arrogância. Ele é competente, competitivo, tem ótimo currículo, mas suas atitudes indicam que poderá ter problemas de relacionamento com colegas e clientes.

Discurso do profissional 3

"Em oito anos de empresa, alcancei minha meta em sete deles. Faltaram 2% no ano passado e tenho consciência de que, se tivesse me esforçado um pouco mais, teria conseguido chegar aos números propostos. Tenho como pontos fortes o conhecimento técnico, o bom relacionamento com os clientes e a determinação. Como ponto fraco, preciso melhorar minha comunicação quando falo em público. Gosto muito de trabalhar nessa empresa, sou ambicioso e nutro o objetivo de, um dia, ser gerente regional."

Falou apenas o necessário, foi direto e assertivo. Demonstrou equilíbrio, autoconhecimento, mostrou-se motivado e causou uma ótima impressão.

Resumindo, o principal objetivo do discurso rápido é causar um impacto inicial positivo e preparar o terreno para, depois de ouvir o "fale mais a respeito", ir para a fase final e convencer seu interlocutor a seguir suas orientações, fazer o que você quer ou, então, comprar seu peixe.

13

Convencimento final: ferramentas que fazem a diferença

Seja lá o que você fizer, seja muito bom nisso.
Abraham Lincoln

Chegou a hora de você receber uma "caixa de ferramentas" com técnicas utilizáveis em quaisquer situações. Elas complementarão ou reforçarão o conteúdo visto até aqui. Algumas ferramentas você provavelmente já usa, como "comprove o que diz" ou "demonstre humildade". Outras, como "use o bom humor", podem ser mais difíceis para quem é muito sério, mas estarão lá, no fundo da caixa, esperando uma oportunidade para ser utilizadas.

A principal regra é: valorize ao máximo o que você tem, mas não invente! Você trabalhou duro para conseguir a atenção de seu interlocutor e não pode colocar tudo a perder mentindo ou exagerando.

Logo, não encare a sequência proposta como algo rígido, tipo "os dez passos obrigatórios do convencimento", mas sim pontos que você precisa conhecer para testar como funcionam em sua realidade. Eles darão ótimos resultados, principalmente os que forem compatíveis com sua personalidade e seus valores.

As dez ferramentas

1. APROVEITE SEU PERFIL DE CONVENCIMENTO

Como vimos no Capítulo 2, há cinco grandes perfis de convencimento e um deles costuma ser mais marcante (característica estrutural da personalidade). Você deverá aproveitá-lo ao máximo para reforçar seu poder de persuasão. Vamos a um resumo.

Perfil solitário/independente

- Mostre que você é uma pessoa discreta e confiável.
- Deixe claro que você fala pouco, mas entrega resultados consistentes.
- Reforce sua capacidade de produzir com pouca estrutura de apoio.

Perfil resolvedor/estudioso

- Afirme ser uma pessoa focada em resolver desafios.
- Deixe claro que você estudará soluções com afinco.
- Diga que quando não souber algo, aprenderá rapidamente.

Perfil desafiador/supersincero

- Afirme que gera resultados com rapidez.
- Reforce que você tem habilidade para treinar e ensinar.
- Diga que sua objetividade energiza o ambiente.

Perfil carismático/criativo

- Mostre que é uma pessoa agregadora e tem alto-astral.
- Deixe claro que você tem uma grande rede de relacionamentos.
- Diga que é bem-humorado, mas focado no cumprimento de metas.

Perfil mão na massa/trabalhador

- Mostre que é uma pessoa trabalhadora.
- Deixe claro que você entrega o combinado.
- Reforce que estará sempre disponível.

Perfil misto

- Fale sobre sua flexibilidade.
- Mostre exemplos sobre sua facilidade de adaptação a diferentes contextos.
- Enfatize sua habilidade para atuar em mais de uma função ao mesmo tempo.

2. FALE SOBRE SUA VIDA, CONHECIMENTOS E EXPERIÊNCIAS

Nesse ponto, vale a pena detalhar seu currículo, conquistas profissionais, diferenciais competitivos, mas também quem você é. Aí entram a vida familiar, hobbies, cultura geral, princípios éticos e tudo mais que achar relevante.

Nunca se esqueça de que seu interlocutor está avaliando não só sua competência, mas sua credibilidade e confiabilidade. Ele precisa saber como você agiria em uma situação imprevista e seu histórico de vida apontará essas tendências. Se ele o interromper ou fizer perguntas indelicadas, não demonstre irritação ou impaciência. Responda com educação, sem desviar de temas desagradáveis. Vamos a um exemplo.

Caso 53 – O entrevistador assertivo

— Seu currículo é impressionante. Você consegue comprovar todas essas informações?

— Claro! Papel aceita tudo e sei que muita gente exagera nas competências pessoais. Por isso, tenho em mãos ou em um arquivo, se preferir, todos os documentos, desde o histórico escolar detalhado, diplomas com as respectivas matrículas, contratos de trabalho e cartas de recomendações com contatos para verificação, e assim por diante.

— Ótimo, pois há uma norma interna na empresa que exige a checagem dos principais atributos. Gostei de sua postura!

Maneiras de reforçar seus argumentos

- **Tenha um bom site** – Se for um profissional liberal, tenha um site atualizado com detalhes sobre seu currículo, principais realizações, artigos, entrevistas, vídeos e descrição minuciosa do que você oferece.
- **Participe de mídias sociais** – É importante ter contas nas principais mídias sociais, como Facebook e Twitter, e profissionais, como LinkedIn. Entretanto, só participe se puder atualizar com frequência e interagir com as pessoas. Ter matérias muito antigas ou demorar uma semana para responder pega mal.
- **Escreva um blog** – Se você gosta de escrever e contar suas experiências, mantenha um blog com uma atualização mensal, no mínimo. Também vale a pena mandar seus textos para uma revisão antes de publicar.
- **Tenha um canal no YouTube** – Se você se sente à vontade falando, grave vídeos curtos com suas experiências e teste o resultado, primeiro com amigos e conhecidos que possam lhe dar um feedback sincero. Feitos os ajustes, vale a pena publicar e analisar os resultados.

- Obtenha depoimentos – Se você faz um bom trabalho, certamente tem clientes satisfeitos com seu desempenho. Caso tenha intimidade, peça depoimentos por escrito ou em vídeos. A credibilidade aumenta quando a pessoa é conhecida ou fornece endereço de e-mail para reforçar a recomendação, se necessário.

3. DEMONSTRE CONFIANÇA, ASSUMA A RESPONSABILIDADE

Nem todos conseguem ter uma energia contagiante durante uma conversa, principalmente com estranhos. No entanto, será importante demonstrar confiança naquilo que você oferece e assumir a responsabilidade de resolver eventuais problemas. Se titubear ou usar frases defensivas, o outro voltará a ficar desconfiado e você terá de começar tudo de novo.

Evite frases como:

"Ah, isso não depende de mim."
"Não tenho a menor ideia."
"Preciso perguntar para o meu chefe."
"Nosso departamento financeiro anotará sua reclamação."
"Se atrasar, não será culpa minha."
"Minha equipe cuidará dos detalhes."
"Sou muito ocupado."

Elas ficam melhores assim:

"Tenho uma boa autonomia e, quando não puder resolver, serei sincero em dizer."

"Preciso me informar melhor sobre o assunto, mas ainda hoje terei uma resposta."

"Prefiro resolver a questão entre nós."

"Escreverei um e-mail sobre sua reclamação e cobrarei uma resposta objetiva."

"Não costuma atrasar, mas, se acontecer, eu mesmo tomarei providências."

"Minha equipe cuidará dos detalhes, mas verificarei todas as informações antes de enviá-las para sua assinatura."

"Minha agenda é apertada, mas sempre estarei atento às suas necessidades."

Caso 54 – Onde pescar?

Gosto muito de pescar e, ao menos uma vez por ano, procuro um lugar inédito para conhecer. As melhores operações são em lugares de difícil acesso (aos quais se chega apenas com o uso de pequenas aeronaves) em áreas com florestas preservadas. Nesses locais, não existe pesca predatória e a pesca esportiva – modalidade em que todos os peixes são devolvidos – é obrigatória. Mesmo em locais tão protegidos, às vezes a pescaria é fraca, pois a natureza interfere bastante: chuva excessiva, frente fria, onda de calor, variação na pressão atmosférica, por exemplo, mudam o comportamento dos peixes.

O problema é que, nos melhores pontos, precisamos reservar as datas com meses de antecedência sem saber, portanto, como estarão as condições de pesca na semana escolhida.

Em situações difíceis, um bom guia (chamamos de piloteiro) faz uma enorme diferença, por isso, além de conversar com o dono da pousada, peço para falar com os melhores guias, via celular satelital – quase todas as pousadas oferecem essa comodidade, até por questão de segurança, já que os locais são muito isolados.

A seguir, transcrevo o resumo da conversa com três guias de diferentes locais.

Piloteiro 1

— Olá, Nilton, como são as condições de pesca em maio?

— Normalmente boas, mas dependem do nível do rio. Se baixar bastante, pegamos de tudo: peixes de couro, como pirararas, cacharas, jundiás, barbados e peixes de escama, principalmente tucunarés e matrinxãs. Se o nível estiver alto, saem mais peixes de couro.

— Então, corremos o risco de pescar poucos tucunarés?

— Sim. A melhor época para eles é agosto.

— Infelizmente, só consigo em maio.

— Aqui na pousada a gente sempre faz o possível, mas o senhor sabe que, às vezes, a natureza não ajuda.

Piloteiro 2

— Olá, Claudinho, como são as condições de pesca em maio?

— Depende da natureza: rio cheio, pouco peixe; rio baixo, muito peixe.

— E se estiver no meio termo, que é o mais comum?

— Aí não pode fazer muito frio na semana, pois o senhor sabe que o peixe afunda e para de comer.

Piloteiro 3

— Olá, Raimundo, como são as condições de pesca em maio?

— Se pescar comigo, vai ser bom. (*risos*)

— E se o rio estiver cheio?
— Fica mais difícil, mas a gente procura bastante e acha, mesmo que o peixe esteja espalhado.
— E se, na pior das hipóteses, estiver cheio e fizer frio?
— O senhor gosta de acordar cedo?
— Gosto.
— Se incomoda de fazer força?
— Como assim?
— Se a situação estiver ruim, podemos sair às quatro horas da manhã, navegar cerca de duas horas e arrastar o barco para dentro de uma lagoa fechada, pois há muito peixe que fica preso lá dentro.
— Se der peixe, ajudo a arrastar qualquer barco.
— Então, pode vir que eu garanto uma ótima pescaria!

Esse caso aconteceu há cerca de dez anos, e já pesquei com Raimundo várias vezes, quase sempre em maio, nas melhores e nas piores condições e o resultado variou de bom a espetacular, pois o empenho, o profissionalismo, a persistência e a autoconfiança do Raimundo fazem a diferença. O problema é que ele agora é famoso e eu preciso reservar datas com pelo menos um ano de antecedência.

4. ABRA ESPAÇO PARA SER QUESTIONADO

Muitas vezes, ocorre a chamada "falsa amabilidade": o outro percebeu alguma incoerência, ficou em dúvida ou não gostou de algo, mas, ainda assim, diz que está tudo certo e que apenas precisa pensar a respeito.

Se você propuser algo complexo, como um novo projeto para seu chefe, a venda de um imóvel para um cliente ou uma viagem cara para seu cônjuge, e não houver perguntas, críticas, pedido de esclarecimentos, solicitação de descontos ou qualquer questionamento, quase certamente a pessoa não ficou interessada e dirá apenas: "Preciso pensar com calma e, quando tiver uma posição, volto a procurá-lo". É uma maneira educada e pouco assertiva de dizer que não gostou da proposta.

Se isso acontecer, pare tudo e abra espaço para críticas ou questionamentos.

Objeções são sinais inequívocos de interesse.

Caso 55 – Falsa amabilidade

— Você fez uma proposta ousada. Preciso consultar outros diretores e, se houver interesse da parte de todos, voltarei a procurá-la para analisar os detalhes do projeto.

— Parece que o senhor não ficou empolgado. Eu ficaria sinceramente grata se pudesse apontar os pontos falhos, para que tenha oportunidade de corrigi-los.

— Pois é (*relutante*), você é uma engenheira renomada, mas eu queria apenas o projeto para a construção e não o valor com todo o material e a mão de obra incluída.

— Achou que ficou caro?

— Não sei se está caro ou barato, mas preciso de três diferentes orçamentos de projetos, apenas com os honorários do engenheiro. Como você incluiu muita coisa, nem adianta levar para a reunião.

— Desculpe, eu entendi errado. Posso refazer o projeto, apenas com meus honorários?

— Não causará muito trabalho?
— De modo algum. Aproveitando sua gentileza, o que mais eu poderia ajustar para ter maior probabilidade de convencer os demais diretores?
— Já que você deu abertura, tenho várias observações...

A engenheira ainda não convenceu o executivo, mas aumentou significativamente suas chances, pois agora sabe o que precisa ser feito.

5. USE O BOM HUMOR

O humor pode ser um recurso poderoso para quebrar resistências e aumentar o vínculo, mas é preciso tomar cuidado para não usá-lo fora de hora. Histórias engraçadas, leve autodepreciação ou um comentário divertido em uma situação de tensão podem ajudar a conquistar simpatia e desarmar um conflito iminente.

Casos 56, 57, 58 e 59 – Táticas para diminuir a tensão

— Fabiana, teve alguma dificuldade para chegar ao nosso endereço?
— Felizmente, não! Depois que inventaram o GPS por celular minha vida melhorou muito, pois antes eu me perdia até no quarteirão da minha casa.

*

— Breno, como foi a viagem de avião, muito cansativa?
— Uma das grandes vantagens de ser baixinho é que sobra espaço até em poltrona de avião. (*risos*) Dormi a viagem inteira e estou totalmente descansado.

*

— Poxa, Telmo! Não entregou o relatório?
— Chefe, antes que o senhor me esgane, posso explicar?

*

— Matias, e se o pedido atrasar novamente?
— Não atrasará, pois o cuidado será redobrado e eu cuidarei pessoalmente para que seja entregue dois dias antes do prazo final.
— E se atrasar?
— Eu ficarei ajoelhado no milho por uma semana, na sua frente. (*risos*)

---

6. DEMONSTRE HUMILDADE, MAS EVITE O "COITADISMO"

É ruim demonstrar insegurança, mas costuma ser ainda pior ser arrogante ou prepotente. A pessoa verdadeiramente autoconfiante sabe que tem pontos limitantes e aceita críticas construtivas. Assumir erros ou descrever situações em que poderia ter feito algo melhor mostra que ela tem autocrítica, é intelectualmente honesta e aprende com os próprios erros.

Outro engano comum é exagerar nos autoelogios. Há gente competentíssima e de grande valor que gera antipatia gratuita por falar demais sobre seus feitos. Qual é sua reação quando um palestrante tem uma hora para discorrer sobre um tema, e usa metade do tempo para falar de si? Ou quando você lê um livro de um especialista que exalta os próprios feitos em quase todas as páginas?

É claro que possuir referências positivas ou notoriedade ajuda a conquistar a admiração das pessoas e aumenta a força de seus argumentos. No entanto, cuidado para o tiro não sair pela culatra. Sua mensagem deve ter uma relevância maior que você. É sempre bom lembrar que a carta é mais importante que o carteiro.

Todos nós gostamos de lidar com gente bem-sucedida, com competência comprovada e, se possível, famosa, mas o elogio fica muito melhor quando vem da boca dos outros. Por isso, é importante ter um site (principalmente quando for o caso de uma pessoa pública) bem-feito, com todas as realizações relevantes. Um interessado sempre procura (e acha!) mais informações a respeito de pessoas, produtos ou serviços que despertem sua atenção.

Entretanto, atenção! Há pessoas que confundem humildade com o péssimo hábito de bancar o coitado para angariar simpatia. A atitude pega muito mal e costuma gerar o efeito contrário, ainda mais quando o outro percebe que é simplesmente uma tática.

Exemplos inadequados

Caso 60

"Por favor, feche este pedido, pois se eu não bater a meta no fim do mês, serei demitido."

Provavelmente, o vendedor deixará o cliente constrangido. Ele sabe que poderá ser demitido porque também não bateu as metas dos meses anteriores. O cliente até poderá fechar o negócio, mas dificilmente aceitará esse argumento em outra ocasião.

Caso 61

"Preciso de um aumento urgente, pois minha mulher está desempregada, minhas dívidas aumentaram e não estou conseguindo pagar minhas despesas."

Infelizmente, esse é um problema da pessoa e não da empresa. O chefe só concederá um aumento de salário para quem for promovido ou obtiver resultados consistentemente acima da média. É mais fácil ser demitido do que conseguir o aumento com esse tipo de abordagem.

Caso 62

"Sei que não ajudei em nada, mas ficaria muito grato se vocês incluíssem meu nome na conclusão do trabalho do semestre. Tive alguns problemas e acabei esquecendo de frequentar as reuniões."

A pessoa poderia ter negociado, no início do semestre, uma participação menor nos encontros, devido ao problema pessoal, jamais no final.

Todos nós temos problemas e imprevistos podem ocorrer com qualquer um. Um pedido de ajuda funciona em casos de necessidade, mas isso tem um limite. Portanto, utilize uma dificuldade para convencer alguém quando realmente precisar, não como estratégia. Fingir-se de coitado costuma ser um péssimo negócio.

Exemplos adequados

Caso 63

— Seu histórico é muito bom. Agora gostaria de conhecer seus pontos fracos.

— Sou muito exigente e, às vezes, intolerante com algumas pessoas.

— Como assim?

— Acabo sendo agressiva com colegas em situações extremas.

— Cite um exemplo.

— Há alguns meses, combinei com dois colegas de nos reunirmos no fim de semana para preparar uma apresentação importante. Eles deram uma desculpa e me deixaram na mão. Na segunda-feira, fui ríspida com ambos na presença de outras pessoas.

— Você se arrependeu?

— Não no conteúdo, mas sim na forma. Poderia ter falado em outro tom e em particular.

Caso 64

— Jonca, por que não frequenta nossas festas?

— Na verdade, sou introvertido e sinto-me desconfortável na presença de desconhecidos.

— No trabalho você interage bem com visitantes...

— Interajo, mas à custa de muito esforço. Produzo melhor quando estou em silêncio. Quando houver um jantar com poucas pessoas, por favor, me convide.

— Combinado.

Caso 65

— Solange, você sempre faz excelentes apresentações, mas hoje parecia um pouco tensa. O que houve?

— Para ser sincera, fiquei nervosa com a presença do presidente e adotei uma postura mais séria. Como estou acostumada a ser descontraída, não desempenhei bem. Você acha que comprometi a apresentação?

— Não, mas perdeu a oportunidade de demonstrar sua excelente retórica.

— Você tem razão, voltarei ao estilo de sempre.

7. EXPLIQUE COMO RESOLVERÁ OS PROBLEMAS/NECESSIDADES DO OUTRO

Mais um poderoso argumento de convencimento será detalhar como resolver, na prática, os problemas ou as necessidades de seu interlocutor. Será preciso explicar de maneira clara por que você tem a melhor opção. Também será fundamental demonstrar iniciativa e boa vontade.

Caso 66 – O passageiro apressado

Um passageiro viajará ao exterior e foi alertado, em cima da hora, de que precisará ter um comprovante de vacinação para febre amarela.

Laboratório 1

— Bom dia, vocês têm vacina contra febre amarela?

— Sim, custa 80 reais, mas antes o senhor precisa preencher um formulário obrigatório.

— Não tenho tempo, é realmente necessário?

— É uma exigência da Anvisa, mas se o senhor for a um posto de saúde a vacina é gratuita.

— Não tenho tempo. Você poderia me ajudar a preencher? Estou achando um pouco confuso.

— Infelizmente, não estamos autorizados.

Laboratório 2

— Bom dia, vocês têm vacina contra febre amarela?

— Sim, custa 80 reais, mas é preciso preencher um formulário obrigatório. Preciso alertá-lo que é possível tomar a vacina gratuitamente em alguns postos de saúde ou no aeroporto.

— O problema é que estou com muita pressa e sem tempo para ficar em qualquer fila.

— Entendo. O formulário não é complicado, mas, como o senhor está com pressa, poderá enviar seus documentos digitalizados que eu mesmo preencherei. Quando chegar aqui para tomar a vacina, estará tudo pronto, até a carteirinha.

— Enviarei em cinco minutos.

Caso 67 – A procura da melhor opção

Aldo está em dúvida se aluga um carro ou contrata um motorista para fazer os passeios em uma região turística de difícil acesso, com a família. Depois de algumas consultas ligou para um taxista bem recomendado.

— Boa noite, Cléber, eu me chamo Aldo e você foi recomendado por um amigo.

— Pois não, como posso ajudar?

— Como funciona seu trabalho?

— Cobro uma diária de 200 reais e fico à disposição para fazer todos os passeios, independentemente da distância.

— Sinceramente, estou em dúvida, pois o aluguel de um carro custa 100 reais. Também tenho a opção de fazer os passeios em grupo em micro-ônibus ou van.

— Na verdade, o aluguel do carro não inclui gasolina e o GPS não tem sinal em várias áreas de nossa região, o que dificulta bastante o deslocamento. Quantas pessoas virão?

— Minha esposa, eu e dois filhos de 11 e 13 anos.

— As agências cobram 30 reais por pessoa, para cada passeio, passam em vários hotéis para apanhar os turistas, e perde-se muito tempo. Além disso, eles só levam e trazem de volta. Eu também sou guia turístico e fico o dia todo disponível para fazer outras atividades, como levar para compras, indicar restaurantes, esperar um tempo maior entre cada passeio e até levá-los para lugares aos quais os micro-ônibus de turismo não têm acesso. Na verdade, o senhor gastaria, no máximo, 50 reais a mais por dia e teria uma grande comodidade.

— Você me convenceu! Há desconto se eu contratá-lo por cinco dias seguidos?

As pessoas não conhecem seus serviços em detalhes e cabe a você demonstrar seus diferenciais. Quando os benefícios são claros, uma diferença de preço é plenamente justificável.

8. OFEREÇA VALOR, NÃO PREÇO

Uma das principais dificuldades encontradas por pessoas que têm produtos ou serviços com qualidade acima da média é que eles quase sempre custam mais caro. O preço é maior porque a pessoa tem mais experiência, a agenda é mais cheia e os resultados finais são melhores. Um serviço ou produto mais caro também pressupõe mais gente cuidando dos detalhes ocultos, como controle de qualidade, equipamentos modernos, equipe de apoio, logística bem organizada, treinamentos constantes, salários mais altos para atrair e manter talentos e assim por diante. A conclusão é que quase sempre o melhor custa mais, pois a excelência exige um investimento maior.

Portanto, se você tem algo muito bom a oferecer, falar sobre o preço, no início da conversa, é um grande equívoco, pois você ficará em desvantagem. Fale sobre seus atributos e, bem no fim, sobre o preço.

Vamos relembrar os conceitos que vimos no Capítulo 3.

Preço é um número.

Valor é a importância que se dá a algo.

Vamos a mais um exemplo.

Caso 68 – A moradora desconfiada

Uma senhora irá reformar o apartamento em que mora, há mais de quinze anos, e está fazendo o orçamento com três arquitetos.

— Olá, Neuza, recebi seu projeto, mas acho que você se esqueceu de incluir o preço.

— Você gostou do projeto?

— Gostei muito, mas e o preço?

— Foi um trabalho de várias horas e gostaria de detalhar minhas sugestões, ouvir sua opinião, ajustar tudo e, só então, falar sobre o valor do investimento total. Pode ser?

Depois de fazer todos os ajustes solicitados a arquiteta falou sobre o valor final.

— O projeto ficou perfeito, Neuza, mas quase 30% mais caro do que os outros.

— Os outros arquitetos indicaram os fornecedores e a mão de obra?

— Sim.

— Eles garantem a qualidade e a pontualidade das pessoas que farão as obras?

— Acho que eles apenas os indicam e eu contrato.

— Você já fez alguma pequena reforma nos últimos anos? Como foi o processo?

CONVENCIMENTO FINAL: FERRAMENTAS QUE FAZEM A DIFERENÇA

— Sim, e foi um inferno, pois tive de trocar o pintor e, depois, a pessoa que fazia o gesso, duas vezes.

— Eu trabalho com os mesmos parceiros há mais de dez anos, e trarei o marceneiro, o pintor, o vidraceiro, o marmorista, o eletricista e o encanador. E não é apenas uma indicação. Eu acompanharei, pessoalmente, a qualidade do trabalho e o cumprimento rigoroso dos prazos.

— Desculpe-me a pergunta, mas como terei certeza?

— Você está certíssima em perguntar. Você só pagará antecipadamente pelos materiais. O pagamento da mão de obra só será feito após o profissional terminar a parte que lhe cabe. Meus honorários podem ser divididos em três vezes e a última parcela só será paga no final da reforma.

— Parece justo, mas ainda acho 30% muita diferença.

— Garanto que vale cada centavo, pois economizaremos parte desse valor no reaproveitamento de alguns materiais e, principalmente, na qualidade da mão de obra, que não desperdiçará quase nada. Você já fez outras obras e sabe que, muitas vezes, o barato sai caro.

— Parece muito bom para ser verdade.

— Como é uma reforma grande, sugiro o seguinte: contrate apenas a obra na cozinha e avalie meu trabalho. Se for tudo impecável, você contrata as demais áreas, combinado?

— Você me convenceu, vamos começar pela cozinha...

Como a arquiteta sabe que fará um ótimo trabalho, propôs apenas uma parte da obra, sem dar descontos, pois tem certeza de que conquistará a cliente e poderá manter seu padrão de excelência, cobrando o que é justo.

9. OFEREÇA UMA "AMOSTRA GRÁTIS"

É relativamente comum o profissional ter um ótimo produto ou serviço, mas ser pouco conhecido e ficar tentado a dar descontos. Baixar o preço pode ser arriscado, pois será difícil o cliente aceitar pagar mais caro em uma próxima ocasião, já que terá um padrão estabelecido.

Uma ótima opção é dar uma "amostra grátis" para o potencial cliente experimentar seus produtos e serviços, ter uma experiência positiva e depois fazer uma aquisição maior. Vamos a alguns exemplos.

- Professor (idiomas, esportes, matérias escolares etc.) – Ofereça uma aula de, pelo menos, uma hora.
- Tradutor/revisor de textos – Ofereça duas ou três laudas.
- Coach – Ofereça uma sessão entre trinta e sessenta minutos.
- Consultor – Ofereça um livro ou uma vaga em uma aula.
- Designer ou projetista – Ofereça um desenho ou página inicial ou o equivalente a 5% do trabalho.
- Escritor – Ofereça o primeiro capítulo gratuito.
- Palestrante – Ofereça links com suas palestras, de preferência com a interação do público.
- Artesão – Ofereça miniaturas de seu trabalho.
- Vendedor – Tenha sempre uma pequena amostra de seus produtos para fornecer aos interessados.

10. USE "E" EM VEZ DE "OU"

Uma das situações mais frustrantes é aquela em que ficamos com medo ou vergonha de fazer a proposta final e, para muitos, é a fase mais difícil, principalmente quando o outro diz: "Preciso pensar, entrarei em contato quando decidir".

Lembre-se de que está no finalzinho do processo e que, muitas vezes, o "preciso pensar" é tão somente a falta de argumentos contrários à sua proposta. A pessoa quer ganhar tempo para analisar as opções, pois agora, depois de toda a sua explanação, já sabe o que precisa. Nessa hora, respire fundo, não se abale e faça as seguintes perguntas: "Quais são suas dúvidas? Posso repetir tudo que não ficou claro ou dar mais informações?". Mantenha o vínculo positivo, repasse os benefícios mais importantes e coloque-se à disposição para esclarecer qualquer detalhe duvidoso.

O não você já tem!

Agregar alternativas costuma funcionar muito bem nos casos em que seu interlocutor realmente está em dúvida. A política do "tudo ou nada" coloca uma pressão desnecessária e inibe em vez de ajudar na tomada de decisão. Se você seguiu o roteiro nas fases anteriores, certamente conquistou a simpatia e a boa vontade da outra pessoa, o que propicia uma boa margem de manobra para inovar em sua proposta final. Por isso, sugira o "e" (que agrega) em vez do "ou" (que segrega).

Veja alguns exemplos:

Caso 69

— Finalmente, consegui dez dias de férias! Você tem sugerido há meses uma viagem ao Nordeste e eu tenho duas opções de lugares que sei que adora: Recife ou Fortaleza? O que prefere?

— Ótima notícia! Como temos dez dias, que tal ficarmos cinco dias em Recife e cinco dias em Fortaleza? Os preços serão quase os mesmos e a viagem ficará muito mais dinâmica!

— Não tinha pensado nisso, mas acho que você tem razão.

Caso 70

— Estou em dúvida se pago à vista ou a prazo. Preciso pensar um pouco, e amanhã decido.

— Qual é o motivo de sua dúvida?

— Gostei do desconto à vista, mas tenho medo de ficar praticamente sem reservas financeiras.

— Que tal pagar 50% à vista e 50% a prazo? O senhor garante um bom desconto, mantém metade de suas reservas e ganha mais tempo para pagar o restante.

— Boa ideia!

CONVENCIMENTO FINAL: FERRAMENTAS QUE FAZEM A DIFERENÇA

Caso 71

— Não sei se compro o carro com GPS ou com câmera de ré. Conversei com minha esposa antes de tomar uma decisão e agora estamos em um impasse. Ela prefere o GPS e eu prefiro a câmera de ré.

— Sugiro que o senhor compre o modelo com GPS e, se fecharmos agora, instalarei uma câmera com 20% de desconto. O casal usará o carro por, no mínimo, dois anos e, se ambos ficarem satisfeitos, valerá muito a pena!

— Se fizer a câmera com 40% de desconto, fecho agora.

— Então, está fechado!

14

Daqui em diante...

Se o cérebro determina que o fracasso é o resultado mais provável, o corpo não sai do lugar. A motivação só acontece quando a mente manda o sinal de que há pelo menos 50% de chance de uma atividade ser bem-sucedida. É a antecipação do sucesso e a sensação de uma recompensa futura que estimulam uma pessoa a se dedicar a uma tarefa, por mais desgastante que seja.
Suzana Herculano-Houzel

Seja positivo, mas treine bastante

Há dois grandes modelos de aprendizado, baseados em dois tipos de memória: a explícita e a implícita. A memória explícita é formada por todas as nossas lembranças conscientes, que começam desde a infância até o presente momento. A memória implícita contém o registro inconsciente, como sentimentos, emoções, inclinações, medos e talentos inatos.

O conhecimento explícito permite que você descreva, em detalhes, um automóvel. O implícito possibilita que você dirija esse automóvel de forma quase automática.

Estima-se que mais de 90% de nossas tomadas de decisões sejam baseadas na memória implícita. São aquelas várias coisas que fazemos automaticamente, sem parar para analisar, e que, em grande parte, comandam nossas vidas. Tudo aquilo que nos esforçamos para aprender conscientemente tem relação com o conhecimento explícito, que, com dedicação, pode se transformar em implícito.

Vamos a alguns exemplos práticos.

Em uma primeira aula para andar de patins, o instrutor fala sobre a postura, o movimento sincronizado das pernas e dos braços, a maneira de frear, como fazer curvas, a importância da inclinação do corpo etc. Depois, ele faz uma demonstração prática, e pensamos: "Parece fácil de executar". Está aí o conhecimento explícito.

Quando colocamos os patins pela primeira vez, começam as dificuldades: não conseguimos parar, nem deslizar ou frear, tomamos alguns tombos e tudo parece confuso e ameaçador, pois ainda não houve tempo para adquirir o conhecimento implícito.

Se treinarmos bastante, depois de alguns meses e muitas quedas, nosso cérebro terá criado sinapses suficientes para comandar os principais movimentos. A segurança aumenta, os movimentos começam a ficar mais ousados e, pouco a pouco, passam a ser inconscientes. Ou seja, colocamos os patins e não prestamos mais atenção à parte técnica, e sim ao ambiente, às pessoas em volta, até conseguirmos patinar, falar ao celular e observar a natureza, simultaneamente. O conhecimento, que era explícito, virou implícito e passou a fazer parte de nossa configuração cerebral permanente.

Significa que nunca mais nos esqueceremos de como patinar, ainda que permaneçamos vinte ou trinta anos sem praticar. Isso vale para andar de bicicleta, dirigir um automóvel, jogar tênis, aprender um segundo idioma e, claro, dominar habilidades de persuasão e convencimento.

Devo alertar que as primeiras semanas serão as mais difíceis para executar muitas das técnicas que você leu e entendeu conscientemente – como no caso da primeira aula de como andar de patins –, porque o cérebro prioriza o que já domina. Quando você tenta mudar seu roteiro mental, fazendo, por exemplo, uma abordagem mais sutil quando seu instinto natural seria o de ser ousado, há certa resistência da mente e podem ocorrer os seguintes pensamentos: "Isso não vai funcionar" ou "É muito difícil" ou "Será que não farei papel de bobo?".

Insistindo em usar as técnicas, com o passar do tempo, a confiança aumentará, os bons resultados começarão a aparecer e novos caminhos neurais passarão a fazer parte de sua estrutura mental, para sempre!

Portanto, você não precisa – nem deve – se preocupar em melhorar tudo ao mesmo tempo para aumentar seu poder de convencimento. Comece reforçando ou aproveitando com mais eficiência aquilo que você já possui naturalmente (conhecimento implícito), utilizando a parte positiva de seu perfil de convencimento e, gradativamente, fazendo pequenos ajustes nos pontos limitantes.

Se, por exemplo, você tiver um perfil desafiador, aproveite a autoconfiança, mas tome cuidado para não demonstrar arrogância. Também comece a praticar algumas estratégias mais relevantes: use mais benefícios, fique atento às motivações de compra, fale menos, ouça mais e assim por diante.

Velcro e teflon

Rick Hanson, ph.D. em neuropsicologia, explica que, infelizmente, nossa memória implícita tem um viés negativo e isso ocorre porque os riscos de nossos antepassados pré-históricos eram muito grandes e uma má experiência precisava ser aprendida rapidamente para ser evitada. Quem ouvia um rosnado de urso, levava uma picada de cobra ou era perseguido por um rival gravava imediatamente a experiência para evitar repeti-la. Uma queimadura criava uma marca mental muito mais forte que um carinho, uma fruta venenosa gerava uma grande aversão a outras com aparência semelhante.

Essas experiências, repetidas por milhares de anos, foram incorporadas em nossos genes e, por isso, até hoje, aprendemos mais depressa com o sofrimento ou o medo, mesmo não sendo mais necessário fugir de ursos ou cobras, evitar frutas venenosas ou lutar com um estranho. Acabamos, assim, criando uma espécie de velcro mental que parece "grudar" e amplificar momentos ruins e nos fazem dar uma desproporcional importância a eles.

Veja alguns exemplos:

- Fortes antipatias são registradas muito mais rapidamente do que fortes simpatias.

- É difícil conquistar a confiança de alguém, mas é muito fácil perdê-la.
- Ficamos muito mais abalados com uma crítica do que felizes com um elogio de mesma proporção.
- Passamos tanto tempo pensando nos problemas que sobra pouco para usufruirmos situações agradáveis.
- Desistimos com facilidade de regimes, da academia de ginástica, do curso de inglês, de um relacionamento, de um emprego ou de um livro, porque as dificuldades iniciais são maiores. Depois nos culpamos por não ter força de vontade e voltamos ao caminho antigo, agindo da maneira de sempre.
- Temos uma espécie de radar ultrassensível para perceber falhas nos comportamentos alheios, e certa cegueira para observar atos positivos, julgando que sejam mera obrigação.

Esses são alguns dos motivos pelos quais convencer alguém parece ser tão difícil para quem não está habituado a fazê-lo com frequência. Como vimos, as pessoas são normalmente desconfiadas, e quando não conseguimos persuadi-las, nos culpamos e ainda pensamos: "É melhor ficar quieto da próxima vez, pois não levo o menor jeito para convencer alguém".

Por outro lado, boas experiências, muitas vezes, são como uma camada de teflon (o revestimento antiaderente usado, por exemplo, nas frigideiras), pois dificilmente "grudam" em nossa memória implícita. Experiências positivas precisam, em média, ser repetidas pelo menos cinco vezes mais que experiências desagradáveis para fazer parte da memória implícita e, portanto, não ser mais esquecidas.

Felizmente, há o que ser feito e a neurociência nos dá algumas pistas importantes a ser seguidas. Para que uma experiência positiva ou um novo aprendizado comece a fazer parte de sua estrutura mental permanente é preciso burlar a tendência natural do cérebro de amplificar o negativo e minimizar o positivo da seguinte maneira: quando algo bom acontecer, mantenha-se concentrado em reviver a experiência por pelo menos um minuto, três vezes ao dia, por dois ou três dias seguidos. Pode parecer tedioso, mas funciona!

Faça isso e você conseguirá lembrar-se da sensação agradável, uma semana, seis meses ou cinco anos depois do acontecimento. Pequenos momentos de felicidade como receber um elogio, vencer uma disputa esportiva, ter um jantar agradável com a família, receber um presente inesperado, se reforçados, começam a mudar o estado de espírito e treinam o cérebro para registrar também o que é positivo. Quanto mais tempo você retiver as imagens e os sentimentos agradáveis, maiores serão as chances de que passem a fazer parte da memória permanente.

Para novos aprendizados, como os que você recebeu neste livro, vale o mesmo princípio: use primeiro as estratégias mais impactantes, perceba como elas funcionam, tente de novo, e depois mais uma vez. Ao perceber os primeiros bons resultados, faça o possível para reviver a experiência positiva de convencimento, lembrando-se de todos os detalhes e de como você conseguiu o que queria.

No começo, será difícil se controlar e o seu velho *eu* (a memória implícita antiga) tentará tomar conta e voltar ao passado. Portanto, insista! O tempo joga a seu favor e a tendência será melhorar devagar e sempre.

Ao praticar andar de patins uma vez por mês, você demorará alguns anos para dominar a técnica. Se treinar dez minutos por dia, provavelmente obterá um desempenho razoável em poucas semanas e dominará os movimentos em alguns meses.

Com as técnicas de convencimento se dá o mesmo, e quanto mais treinar, mais seguro e confiante ficará. Seus resultados melhorarão com consistência e até o cérebro mais resistente começará a registrar as vantagens de utilizar os novos aprendizados que, apesar do esforço inicial, facilitarão sua vida.

Espero, com toda sinceridade, que este livro o auxilie a melhorar suas habilidades de persuasão e que você consiga se tornar cada vez mais GENTE QUE CONVENCE.

O que vale na vida não é o ponto de partida e sim a caminhada. Caminhando e semeando, no fim terás o que colher.
CORA CORALINA

Referências bibliográficas

ANDERSON, Chris. *Ted Talks:* O guia oficial do TED para falar em público. Rio de Janeiro: Intrínseca, 2016.

ALLEN, David. *A arte de fazer acontecer:* Uma fórmula antiestresse para estabelecer prioridades e entregar soluções no prazo. Rio de Janeiro: Campus, 2005.

ARIELY, Dan. *Previsivelmente irracional:* Como as situações do dia a dia influenciam as nossas decisões. Rio de Janeiro: Campus, 2008.

BABITSKY, Steven; MANGRAVITI JR.; JAMES, J. *Nunca perca uma negociação:* Como se tornar um negociador excepcional fazendo as perguntas certas. São Paulo: Saraiva, 2014.

BOOTHMAN, Nicholas. *Como convencer alguém em 90 segundos:* Crie uma primeira impressão vendedora. São Paulo: Universo dos Livros, 2012.

BUCKINGHAM, Marcus; CLIFTON, Donald. *Descubra seus pontos fortes*: Um programa revolucionário que mostra como desenvolver seus talentos especiais e os das pessoas que você lidera. Rio de Janeiro: Sextante, 2008.

REFERÊNCIAS BIBLIOGRÁFICAS

CIALDINI, Robert B. *As armas da persuasão*: Como influenciar e não se deixar influenciar. Rio de Janeiro: Sextante, 2012.

DIXON, Matthew; ADAMSON, Brent. *A venda desafiadora*: Assumindo o controle da conversa com o cliente. São Paulo: Portfolio-Penguin, 2013.

DIAMOND, Jared M. *Armas, germes e aço:* Os destinos das sociedades humanas. Rio de Janeiro: Record, 2009.

DIAMOND, Stuart. *Consiga o que você quer:* As 12 estratégias que vão fazer de você um negociador competente em qualquer situação. Rio de Janeiro: Sextante, 2012.

DUALIBI, Roberto; PECHLIVANIS, Marina. *Dualibi essencial.* Rio de Janeiro: Campus, 2006.

DUHIGG, Charles. *O poder do hábito:* Por que fazemos o que fazemos na vida e nos negócios. Rio de Janeiro: Objetiva, 2012.

_____. *Mais rápido e melhor:* Os segredos da produtividade na vida e nos negócios. Rio de Janeiro: Objetiva, 2016.

FERNÁNDEZ-ARÁOZ, Claudio. *Grandes decisões sobre pessoas:* Por que são tão importantes, por que são tão difíceis e como você pode dominá-las a fundo. São Paulo: DVS, 2009.

FERRAZ, Eduardo. *Vencer é ser você*: Entenda por que a gente é do jeito que a gente é para progredir na carreira e nos negócios. São Paulo: Gente, 2012.

_____. *Seja a pessoa certa no lugar certo*: Saiba como escolher empregos, carreiras e profissões mais compatíveis com sua personalidade. São Paulo: Gente, 2013.

_____. *Negocie qualquer coisa com qualquer pessoa*: Estratégias práticas para obter ótimos acordos em suas relações pessoais e profissionais. São Paulo: Gente, 2015.

FISHER, Roger; URY, Willian. *Como chegar ao sim:* Como negociar acordos sem fazer concessões. Rio de Janeiro: Salomon, 2014.

REFERÊNCIAS BIBLIOGRÁFICAS

GARDNER, Howard. *Mentes que mudam*: A arte e a ciência de mudar as nossas ideias e as dos outros. Porto Alegre: Artmed/Bookman, 2005.

GITOMER, Jeffrey. *A bíblia de vendas*. São Paulo: M. Books, 2011.

GOLEMAN, Daniel. *Foco*: A atenção e seu papel fundamental para o sucesso. Rio de Janeiro: Objetiva, 2013.

GOTTMAN, John; SILVER, Nan. *Sete princípios para o casamento dar certo*. Rio de Janeiro: Objetiva, 1999.

GRANT, Adam. *Dar e receber*: Uma abordagem revolucionária sobre sucesso, generosidade e influência. Rio de Janeiro: Sextante, 2014.

HANH, Thich Nhat. *A arte do poder*. Rio de Janeiro: Rocco, 2008.

HANSON, Rick. *O cérebro e a felicidade*: Como treinar sua mente para atrair serenidade, amor e autoconfiança. São Paulo: Martins Fontes, 2015.

HARARI, Noah Yuval. *Sapiens:* Uma breve história da humanidade. Porto Alegre: M&P, 2015.

HARRIS, Dan. *10% mais feliz*: Como aprendi a silenciar a mente, reduzi o estresse e encontrei o caminho para a felicidade – uma história real. Rio de Janeiro: Sextante, 2015.

HEATH, Chip; HEATH, Dan. *Ideias que colam*: Por que algumas ideias colam e outras não. Rio de Janeiro: Campus, 2007.

KAHNEMANN, Daniel. *Rápido e devagar*: Duas formas de pensar. Rio de Janeiro: Objetiva, 2012.

KOLBERT, Elisabeth. *A Sexta Extinção*: Uma história não natural. Rio de Janeiro: Intrínseca, 2015.

LANGANEY, André et al. *A mais bela história do homem*: Como a Terra se tornou humana. Rio de Janeiro: Difel, 2002.

LENT, Roberto. *Cem bilhões de neurônios*: Conceitos fundamentais de neurociência. São Paulo: Atheneu, 2004.

LEVITT, Steven; DUBNER, J. Stephen. *Pense como um freak*: Como pensar de maneira mais inteligente sobre quase tudo. Rio de Janeiro: Record, 2014.

REFERÊNCIAS BIBLIOGRÁFICAS

MCKEOWN, Greg. *Essencialismo*: A disciplinada busca por menos. Rio de Janeiro: Sextante, 2015.

MILLER, Geoffrey. *Darwin vai às compras*: Sexo, evolução e consumo. Rio de Janeiro: Best Seller, 2012.

MORTENSEN, W. Kurt. *QI de persuasão*: Dez habilidades que você precisa ter para conseguir exatamente aquilo que você quer. São Paulo: DVS, 2012.

NORONHA, José Ricardo. *Vendas como eu faço:* 50 questões que mais intrigam a vida de quem vende. São Paulo: Évora, 2014.

PINKER, Steven. *Guia de escrita:* Como conceber um texto com clareza, precisão e elegância. São Paulo: Contexto, 2016.

RIDLEY, Matt. *O que nos faz humanos:* Genes, natureza, experiência. Rio de Janeiro: Record, 2008.

SHELL, G. Richard. *Negociar é preciso:* Estratégias de negociação para pessoas de bom senso. São Paulo: Negócio, 2001.

SILVER, Nate. *O sinal e o ruído*: Por que tantas previsões falham e outras não. Rio de Janeiro: Intrínseca, 2013.

STONE, Douglas; PATTON, Bruce; HEEN, Sheila. *Conversas difíceis*: Como argumentar sobre questões importantes. Rio de Janeiro: Campus, 2011.

URY, Willian. *Negocie para vencer*: Instrumentos práticos e criativos para chegar ao sim. São Paulo: HSM, 2013.

WEINSCHENK, M. Susan. *Como convencer as pessoas a fazer o que você quer*: 140 estratégias simples para dominar a arte da persuasão. Rio de Janeiro: Sextante, 2015.

WINSTON, Robert. *Instinto humano*: Como os nossos impulsos primitivos moldaram o que somos hoje. São Paulo: Globo, 2006.

REFERÊNCIAS BIBLIOGRÁFICAS

Links

BANDNEWS. "Comportamento e carreira". Disponível em: <http://bandnewsfmcuritiba.com/category/colunas/comportamento-e--carreira/>. Acesso em: 12 ago. 2016.

BAUMEINSTER, Roy et al. "Bad Is Stronger Than Good". Disponível em: <http://dare.ubvu.vu.nl/bitstream/handle/1871/17432/Baumeister_Review?sequence=2>. Acesso em: 13 jun. 2016.

EXAME. "Como a neurociência pode contribuir na gestão de pessoas", 12 jan. 2015. Disponível em: <http://exame.abril. com.br/videos/sua-carreira/como-a-neurociencia-pode-contribuir-na-gestao-de--pessoas/>. Acesso em: 12 ago. 2016.

PESTANA, José. "Joshua Bell no Metro – Pérolas a porcos ou falta de contexto?", *RTP Notícias*, 10 abr. 2007. Disponível em: <http://www.rtp.pt/noticias/cultura/joshua-bell-no-metro-perolas-a-porcos--ou-falta-de-contextot_n160685>. Acesso em: 12 set. 2016.

THE GUARDIAN. "Joshua Bell: No Ordinary Busker", 18 abr. 2007. Disponível em: <https://www.theguardian.com/music/ tomserviceblog/2007/apr/18/joshuabellnoordinarybusker>. Acesso em: 12 set. 2016.

Agradecimentos

Agradeço especialmente à minha esposa Márcia Elisa Marques Ferraz, editora informal de mão-cheia, que consegue se colocar no lugar do leitor e colabora com uma empatia que algumas vezes me falta.

À equipe da Editora Planeta, entusiasta deste novo projeto. Aos amigos e parceiros que, com suas sugestões, trouxeram o livro mais próximo da realidade e evitaram que eu cometesse exageros: Adriana Pereira, Alceu Vezzozzo Filho, Andrea Mühlmann, Eduardo Terra, Everson Mizga, Hilgo Gonçalves, João Alécio Mem, José Pio Martins, Luciane Helena Gomide, Leoni Cristina Pedri, Lorenzo Andreoli, Mário Valério Gazin, Marcos Pedri, Marlise Groth Mem, Patrícia Casseano, Paulo Machado, Sonia Marques.

A todos, meu muito obrigado.

O autor

Eduardo Ferraz é engenheiro agrônomo, formado pela Universidade Federal do Paraná (UFPR), pós-graduado em direção de empresas, pelo Instituto Superior de Administração da PUC do Paraná (ISAD PUC-PR), e especializado em coordenação e dinâmica de grupos, pela Sociedade Brasileira de Dinâmica de Grupos (SBDG). Trabalhou na multinacional Ciba Geigy, de 1986 a 1991, e, a partir de então, começou a prestar consultorias e treinamentos, tendo como base teórica a neurociência comportamental.

Tem mais de vinte e cinco anos de experiência e cerca de 30 mil horas de prática com consultoria em empresas e em treinamentos nas áreas de negociação, vendas e gestão de pessoas. É reconhecido tanto por seu consistente embasamento teórico como por seu estilo direto e assertivo. Toda essa bagagem o torna um dos mais capacitados profissionais em desenvolvimento humano no país.

Possui grandes *cases* de sucesso e atende clientes como Banco do Brasil, Bayer, Basf, Bourbon Hotéis, Correios, Cotrijal,

O AUTOR

C.Vale, Dell Anno, Fiat, Livrarias Curitiba, NProduções, Petrobras, Sadia, Symantec entre muitos outros.

Entre 2010 e 2016, teve mais de quinhentas participações na mídia – entre artigos e entrevistas sobre temas ligados à negociação, gestão de pessoas e neurociência comportamental – em vários veículos de comunicação, dentre eles, canais de televisão aberta e a cabo, como Globo, Bandeirantes, SBT, Record, Globo News e GNT, e emissoras de rádio, como CBN, BandNews, Bandeirantes, Globo, Jovem Pan e Transamérica.

Concedeu entrevistas para diversos periódicos, como as revistas *Exame, Época, Época Negócios, Nova, Veja, Você S/A, Você RH*, entre outras, e os jornais *Folha de S.Paulo, O Estado de S. Paulo, O Globo, Jornal da Tarde, Estado de Minas, Diário de Pernambuco, Correio do Povo, Zero Hora, Gazeta do Povo, Correio Brasiliense, O Povo*, entre outros. É comentarista em vídeos da revista *Exame* e colunista na rádio BandNews, de Curitiba.

Em 2010, publicou o livro *Por que a gente é do jeito que a gente é?*, em que trata da aplicação da neurociência e da psicologia no dia a dia das pessoas. Em 2013, publicou *Seja a pessoa certa no lugar certo*, sobre como encontrar o posicionamento profissional ideal, livro que esteve por seis semanas na lista dos dez livros mais vendidos da revista *Veja*. E em 2015, publicou *Negocie qualquer coisa com qualquer pessoa*, que esteve por catorze semanas na mesma lista.

Editora Planeta Brasil | 20 ANOS

Acreditamos nos livros

Este livro foi composto em Bliss e Chaparral e impresso pela Geográfica para a Editora Planeta do Brasil em julho de 2023.